VLM

Betsy Burnham

Sterben in den besten Jahren

Erwartungen des Kranken, der weiß, daß sein Leiden unheilbar ist

Verlag der
Liebenzeller Mission
Lahr

Die Deutsche Bibliothek – CIP-Kurztitelaufnahme

Burnham, Betsy:
Sterben in den besten Jahren : Erwartungen des Kranken, der weiß, daß sein Leiden unheilbar ist / Betsy Burnham. –
1. Taschenbuchausg. – Lahr : Verl. der Liebenzeller Mission, 1994
(TELOS-Bücher ; 7673 : TELOS-Taschenbuch)
Einheitssacht.: When your friend is dying [dt.]
ISBN 3-88002-556-8
NE: GT

Die amerikanische Originalausgabe erschien unter dem Titel "When your friend is dying" bei Chosen Books, Lincoln/USA

Aus dem Amerikanischen übersetzt von Dr. Klaus Fiedler

ISBN 3 88002 556-8

1. Taschenbuchausgabe 1994

Umschlaggestaltung: Graf. Atelier A. Arnold, Dettingen
Gesamtherstellung: St.-Johannis-Druckerei, Lahr-Dinglingen
Printed in Germany 11709/1994

Inhalt

Vorwort

Nicht lange, nachdem der Arzt festgestellt hatte, daß ich krebskrank sei, wurde ich einer Frau aus der Nachbargemeinde vorgestellt. Sie lächelte, schüttelte mir die Hand und fragte dann:

„Wie kann jemand wie ich einem Menschen mit einer bösartigen Krankheit helfen?“

Ihre Frage war angenehm direkt. Sie brachte zum Ausdruck: „Ich möchte gerne wissen, was Ihnen gut tun würde.“

Über ihre Frage habe ich lange nachgedacht. Ich habe ihr und anderen, die die gleiche Frage bewegte, zu antworten versucht; und dabei begann ich, dieses Buch zu schreiben.

Krebs und andere lebensbedrohende Krankheiten kennen keine Grenzen. Völlig unerwartet kann die Krankheit uns selbst treffen oder eines unserer Lieben: Mann, Frau, Kind, einen Nachbarn oder einen Bekannten. Und immer wieder habe ich die Frage gehört: „Wie kann ich helfen?“

Bei meinem so lange dauernden Kampf ums Leben habe ich es Schritt für Schritt gelernt, anderen, die krank sind, ein besserer Begleiter zu sein. Mir selbst haben viele Menschen geholfen – und es wären sicher noch mehr gewesen, wenn sie etwas besser gewußt hätten, wie man einem Schwerkranken helfen kann.

Wenn ein lieber Mensch krank ist, ist das nicht nur für ihn selbst schwer. Auch wenn man als Gesunder durch die Krankheit eines anderen mit den Grenzen des Lebens konfrontiert wird, kann es sein, daß man sich selbst in einem neuen Licht sieht; und was man da sieht, kann demütigend und schmerzlich sein. Wenn eines Ihrer Lieben schwer krank ist, kann es sein, daß Sie merken, daß es Ihnen an Einfühlungsvermögen fehlt und daß Sie sich gerade jetzt, wo der oder die Kranke Sie am nötigsten braucht, am liebsten zurückziehen möchten. Oder vielleicht möchten Sie gerne helfen, wissen aber nicht recht, wie Sie es anfangen sollen.

In diesem Buch möchte ich Ihnen ganz praktisch helfen, einen Menschen, der erkrankt ist, zu begleiten.

Betsy Burnham

Helfen ist so schwer

Ich war frisch operiert, und die Operationswunde schmerzte unangenehm, wenn ich mich umdrehte, um aus dem Fenster zu schauen. Ich war dankbar, wenigstens so weit der frischen Luft nahe zu sein.

Durch das Fenster fielen warme Sonnenstrahlen auf die Fensterbank und auf die weißen Laken am Fußende meines Bettes.

Obwohl die langweiligen Hochhäuser Bostons mir die Sicht auf den Park mit seinen knospenden Bäumen versperren wollten, merkte ich doch, daß der Frühling da war. Unten auf der Straße sah ich die Krankenschwestern. Sie trugen nicht einmal einen Mantel.

Dann schaute ich hinüber zu meiner Zimmernachbarin. Barbara lag still in ihrem Bett. Sie war 42 und litt an fortgeschrittenem Krebs. Ihr langes dunkles Haar fiel über das Kissen, ihre Augen waren geschlossen.

Ein Geräusch ließ mich zur Tür sehen. Zwei chic gekleidete Frauen schauten vorsichtig herein, so als ob sie sich nicht am richtigen Platz fühlten. Als sie Barbara entdeckten, machten sie einen erleichterten Eindruck.

„Ist sie wach?“ flüsterte die kleine Dicke. Barbara öffnete die Augen.

„Hallo Barbara!“ Ihr fröhlicher Gruß brach ab, als sie ans Bett kamen und ihre Freundin von nahem sahen.

„Helen, Maria, schön, daß ihr mich besuchen kommt“, murmelte sie und strich sich das Haar aus dem Gesicht. Sie suchte den Knopf, mit dem sie die Rückenlehne ihres Bettes verstellen konnte. Mühsam versuchte sie sich hinzusetzen. Ihr Gesicht war müde, ihre Haut fahl.

Während sie sich aufsetzte, standen die beiden Besucherinnen unschlüssig am Fußende des Bettes. Maria, die schlankere der beiden, hielt sich an einem Blumenstrauß fest. Ihr nervöses Lächeln und ihre unsicheren Blicke verrieten mir, daß sie nicht wußte, was sie als nächstes sagen sollte.

„Du siehst wunderbar aus“, platzte Maria los. Immer noch hielt sie sich am Blumenstrauß fest.

Ich zuckte zusammen. Was war das für ein Widerspruch. Wie konnte jemand in Barbaras von der Krankheit gezeichnetes Gesicht schauen und sagen, sie sähe „wunderbar“ aus. Ich merkte aber auch, wie die beiden Frauen kämpfen mußten, weil sie doch angesichts Barbaras schwerer Krankheit positiv und hoffnungsvoll sein wollten!

Jetzt sprach Helen, sie suchte ein weniger bedrohliches Thema.

„Was für ein schönes Zimmer du hast“, plauderte sie los. Sie merkte, daß das nicht ankam und setzte neu an. „Weißt du, als ich wegen meiner Totaloperation im Krankenhaus lag, habe ich mich genauso gefühlt wie du jetzt – so wund und müde. Ich sage dir, obwohl ich Schmerzmittel bekam, die ersten paar Tage waren schlimm. Aber dann erholt man sich doch so langsam, und bevor du's richtig merkst, kannst du schon alleine aufstehen. Aber vielleicht bist du eine Zeitlang krumm", fügte sie mit einem kleinen Lächeln hinzu.

,,Hab ich dir eigentlich mal erzählt, wie der Medizinstudent versucht hat, mir die Fäden zu ziehen?" fuhr sie fort. Barbara lächelte etwas und schüttelte den Kopf, aber Helen war schon am Erzählen. ,,Ich sag dir, es war grauenhaft. Ich muß die erste gewesen sein, der er jemals Fäden gezogen hat. Er hatte fürchterliche Angst, und ich nicht weniger. Statt die Fäden zu ziehen, hat er mich dauernd geschnitten. Und als es dann endlich vorbei war, brauchte ich ein Beruhigungsmittel!"

Ich verstand Helen nicht. Barbara war doch nicht im Krankenhaus, um operiert zu werden. Mit einer langen Serie von Bestrahlungen machte man einen letzten verzweifelten Versuch, ihre Krankheit zum Stillstand zu bringen. Warum sprach Helen dann von einer vergleichsweise harmlosen Operation?

Aber Helen, plump wie sie war, redete immer weiter. ,,Das dauert bestimmt nicht mehr lange, dann wirst du entlassen. Du kannst dir gar nicht vorstellen, wie schön das dann ist. Was war ich glücklich, als ich nach Hause durfte! Natürlich mußt du dich auch zu Hause noch pflegen lassen. Du brauchst uns dann nur für dich sorgen zu lassen, wir wohnen ja in deiner Nähe."

Ich sah Barbaras eingefallene dunkle Augen. Ob sie wohl noch einmal nach Hause kommen würde?

Inzwischen hatte sich Maria etwas von ihrer anfänglichen Unsicherheit erholt. ,,Wo kann ich eine Vase für die Blumen finden?" fragte sie.

Barbara stützte sich auf einen Ellbogen und schob auf dem Nachttischchen Bilder, Gläser und Vasen zur Seite. Aus der einen Vase nahm sie einen verwelkten Strauß und sagte zu Maria: „Wirf die weg und hol im Bad neues Wasser.“

Maria verschwand im Bad. Jetzt, wo sie etwas tun konnte, wirkte sie sofort entspannter.

„Was für ein herrliches Wetter draußen!“ Helen legte ihre neue Frühlingsjacke ab und setzte sich in den Sessel neben Barbaras Bett.

„Endlich merkt man, daß Frühling ist“, fuhr sie fort. „Alles beginnt zu blühen. Du solltest mal bei uns die Forsythien sehen. Diese Jahreszeit hab ich so richtig gern.“

Maria kam mit den Rosen in der Vase aus dem Bad und setzte sich auf Barbaras Bettkante. Sie schaltete sich ein: „Heute mittag haben wir alle an dich gedacht, Barbara. Es gab deine Lieblingsspeise, frischen Krabbensalat. Sieh zu, daß du schnell gesund wirst, dann gehen wir mal ganz toll mit dir aus. Ist das keine gute Idee?“

Jetzt machte Helen weiter. „Spätnachmittag ist bestimmt nicht die richtige Zeit, durch die Innenstadt zu fahren. Es war gar nicht einfach, hierher zu finden. In der Innenstadt kenn ich mich bestens aus, aber hier in den Süden komme ich ja nie. Ich bin ein paarmal falsch abgebogen, und schließlich landeten wir auf einer Baustelle. Und ich dachte, wir würden hier nie einen Parkplatz finden.“ In Erinnerung an die überstandenen Mühen rollte sie mit den Augen.

„Das tut mir leid, daß ihr so viel Mühe hattet, mich

zu besuchen. Aber schön, daß ihr gekommen seid", sagte Barbara sanft. „Die Rosen sind schön. Rosen sind meine Lieblingsblumen."

Von meinem Bett aus konnte ich sehen, daß Barbaras Augen ermattet waren und daß sie in die Kissen zurückgesunken war. Nachmittags schlief sie sonst die meiste Zeit, aber sie wollte ihren Besucherinnen gegenüber höflich sein.

„Wie geht es zu Hause und in der Gemeinde?" fragte sie.

„Gut. Wirklich gut", versicherte Maria von der Bettkante aus. „Es geht gut voran. Wir Frauen hatten wieder den Teenachmittag für die neuen Gemeindeglieder. Es war sehr schön, nur die Nußschnitten, die du immer backst, die fehlten uns."

„Ostersonntag hielt der Pastor eine gute Predigt", bemerkte jetzt Maria. „Er sprach über den Frühling und neues Leben. Jede Menge Leute waren da. Es war richtig beeindruckend, und . . ."

Barbara konnte sich kaum noch wachhalten. „Entschuldigt, daß ich euch unterbreche, aber ich werde so furchtbar müde. Und die Schmerzen werden so schlimm. Ich glaube, ich muß die Schwester rufen und mir ein Schmerzmittel geben lassen, und dann muß ich schlafen."

Sie drehte sich zur Seite, um die Klingel erreichen zu können. Helen und Maria sahen sich an. Es war deutlich, wie verunsichert sie waren. Ihr Lächeln war verschwunden. Ich merkte, daß sie jetzt erst begriffen hatten, wie es um Barbara stand – wie schwach sie war, daß sie Schmerzen hatte, daß sie *krebskrank war.*

„Natürlich, Barbara.“ Helen streichelte ein wenig ihren Arm. „Komm, Maria, wir waren schon zu lange bei Barbara. Sie ist ja so erschöpft.“

Ich konnte ihre oberflächliche Reaktion jetzt noch weniger verstehen. *Barbara hat so schreckliche Schmerzen,* dachte ich, *und sie sagen kein Wort dazu. Wenn sie doch wenigstens gefragt hätten, wo es ihr weh tut oder wie sie mit alldem fertig wird.*

Die beiden Besucherinnen zogen schnell ihre Jacken an, nahmen ihre Handtaschen, und schon waren sie aus der Tür. Helen wandte sich noch einmal um und winkte der Kranken zum Abschied. Der Besuch war zu Ende.

Die Schwester kam und zog den Vorhang um Barbaras Bett herum. Ich lag in meinem Bett und beobachtete, wie aus der Infusionsflasche die Lösung langsam in meine Venen floß. Jetzt war noch mehr Sonnenschein auf meinem Bett, aber meine Gedanken waren noch bei den beiden Besucherinnen.

Ich versuchte mir vorzustellen, wie sie vielleicht auf dem Korridor standen und auf den Aufzug warteten. Ihre Empfindungen mußten sehr widersprüchlich sein: Die Erleichterung, aus dem Krankenzimmer raus zu sein, Mitleid, erdrückende Sorge, Hilflosigkeit. Wahrscheinlich sprachen sie kaum ein Wort, und vielleicht standen ihnen die Tränen in den Augen.

Viele Fragen gingen mir durch den Kopf. Ich mußte zugeben, daß es nett war, daß die beiden Frauen sich die Mühe gemacht hatten, Barbara zu besuchen. Aber warum waren sie nicht fähig, etwas von ihrer Last mitzutragen? Warum war ihr Besuch ermüdend und nicht ermunternd? Natürlich ist es nicht einfach, sich in einen Menschen einzufühlen, der so schwer krank ist. Aber sollte es deswegen unmöglich sein?

Aber meine Fragen gingen noch tiefer. Waren die beiden *wirklich* gekommen, um Barbara zu helfen? Oder kamen sie nur, weil sie sich verpflichtet fühlten? Was man sehen konnte, machte keinen guten Eindruck.

Wenn auch nicht absichtlich, so hatten sie sie doch wissen lassen, daß ihnen der Besuch lästig war. Sie hatten von gutem Essen und schönem Wetter gesprochen. Beides konnte Barbara nicht genießen, weil sie viel zu krank war. Und dann hatten sie von zu Hause und von der Kirche erzählt; von beiden war die Kranke unendlich weit entfernt. Nicht ein einziges Mal hatten sie direkt von *ihr* gesprochen – nicht von ihrer Krankheit, nicht von der Behandlung, weder von ihrer Familie noch von dem, was sie fühlte.

Doch, es war deutlich, daß ihnen Barbara lieb war. Die Blumen, das Lächeln, das Plaudern – alles sollte ihr helfen. Sie meinten es gut wie die meisten Menschen. Aber wie groß war der Unterschied zwischen ihren guten Absichten und ihrer Fähigkeit zu helfen.

Und was die Sache noch schlimmer machte: Die beiden Frauen waren als Vertreter ihrer Kirchengemeinde gekommen. Ich wurde sehr traurig. Wie wenig hat doch die Kirche getan, um ihre Glieder dem Leiden und der Not gegenüber empfindsam zu machen. Wie groß ist meist die Angst, mit Leid in Berührung zu kommen! Wie schlecht sind wir vorbereitet, Not wirklich zu begegnen!

Warum fällt es uns so schwer, einem Menschen wirklich zu begegnen, der uns so dringend braucht? Die Frage packte mich, als ich in meinem Bett lag, schwer krebskrank, ähnlich wie Barbara im anderen Bett im selben Zimmer.

Jetzt war ich auf der anderen Seite des Abgrundes, jetzt war ich in dem „fremden Land" der Krankheit, zu dem nur so wenige unserer Lieben und Freunde Zugang haben. So mancher hatte mir helfen wollen, aber die meisten taten in bester Absicht das Falsche. Ich hatte aber auch einige wenige Freunde und Verwandte erlebt, die wirklich fähig waren, in dieser schweren Zeit mein Leiden mitzutragen.

Die Leute müßten richtig lernen, wie man einem Menschen helfen kann, der schwer krank ist. Dieser Gedanke ließ mich nicht los.

Könnte ich den Menschen helfen, verstehen zu lernen? Würde ich stark genug sein, um meine ganz persönlichen Erlebnisse und Empfindungen – gute und böse, traurige und lustige – mit anderen zu teilen?

Als ich mit meinen Gedanken so weit gekommen war, da wußte ich: Ich muß es versuchen.

Dem Tod ins Gesicht sehen

Welcher gesunde Mensch denkt dauernd daran, daß die Spanne unseres Lebens auf der Erde nur kurz bemessen ist? Wir sind voller Pläne und Ideen. Familie und Beruf, Musik, Sport, Kunst und Reisen, all das beschäftigt uns. Wir stehen mitten im Leben und genießen es – und das ist richtig so!

Und dann wird ein Bekannter, der Ehepartner oder ein Kind lebensgefährlich krank. Völlig unvorbereitet schauen wir dem Tod ins Gesicht.

Wenn Sie einem Menschen, der Ihnen lieb ist, helfen wollen, müssen Sie erst einmal verstehen, wie er sich fühlt, nachdem der Arzt seine ernste Diagnose gestellt hat.

Ich kenne einige wenige Menschen, die der Nachricht, von schwerer Krankheit oder gar vom Tod bedroht zu sein, in tiefer innerer Ruhe begegnet sind. Aber für die meisten ist es ein schwerer innerer Kampf.

Genau das war es für mich: ein schwerer Kampf. Es kam von einem Tag auf den anderen. Gerade noch war ich kerngesund, war stolz auf meine beiden Töchter und fühlte mich wohl in der Kirchengemeinde, in der mein Mann Monty seit kurzem Hauptpastor war. Und im nächsten Augenblick wurde mir mein ganzes Leben aus der Hand gerissen. Dazu war nur eine Diagnose nötig gewesen.

Die Gedanken und Gefühle in so einem Augenblick

sind so überwältigend und so persönlich, daß die wenigsten Menschen sich mitzuteilen vermögen. Aber ich will den Vorhang ein wenig zur Seite ziehen und Ihnen etwas Einblick gewähren.

Wir waren gerade aus Kalifornien in den Osten der Vereinigten Staaten gezogen. Der Herbst färbte die Wälder Neuenglands rot und golden. Monty war zuerst Mitarbeiter in einer Teenagerarbeit gewesen, dann zweiter Pastor einer Gemeinde. Jetzt hatte er eine eigene Gemeinde, und ich wollte ihm helfen. Es war *unser* Dienst.

Als ich unsere neue Wohnung tapezierte, kam eine tiefe Müdigkeit über mich. Meine Muskeln schmerzten, als hätte ich eine Zerrung. Aber vor drei Monaten noch hatte mich der Arzt untersucht und mir beste Gesundheit bescheinigt. So erklärte ich mir die Müdigkeit als Folge des Umzuges.

Dann kam der Winter. Meine beiden Töchter Suzanne und Marybeth, damals zehn und zwölf Jahre alt, liebten den Schnee. Wir zogen unsere Schlitten einen steilen Hang hinauf. Als ich das erstemal hinunterfuhr, bäuchlings auf dem Schlitten, fühlte ich, daß etwas nicht in Ordnung war.

Im März war die Schmerzempfindlichkeit und die Schwellung nicht länger zu ignorieren. Ich wurde geröntgt, und mein Arzt schickte die Aufnahmen einem Spezialisten. Dorthin wurde ich dann bestellt.

Monty begleitete mich. Als wir Dr. Mozdens Türschild lasen, waren wir schockiert. Unter seinem Namen stand: „Chirurg, Gynäkologe, Onkologe“. Er war also Krebsarzt!

Im Wartezimmer schaute ich mir verstohlen die Patienten an und versuchte festzustellen, wer *die* Krankheit hatte.

Dr. Mozden zeigte mir die Röntgenbilder. Wir konnten deutlich die Geschwulst in meiner Bauchhöhle sehen. Sein Gesicht war ernst.

„Sie müssen sofort operiert werden. Am besten nächsten Montag.“ Der Ton seiner Stimme schloß Widerspruch aus. „Vielleicht ist es eine gutartige Geschwulst des Eierstocks. Aber die Größe der Geschwulst läßt eher vermuten, daß sie bösartig ist.“

Bösartig! Ich versuchte, das Wort wie eine schon gezündete Granate von mir wegzuschleudern.

Die nächsten Tage nahmen die Schmerzen zu, aber ich gab mir Mühe, das Beste anzunehmen. Donnerstagnacht wurden die Schmerzen unerträglich. Monty rief den Krankenwagen. Und genau das passierte nun, was ich so gefürchtet hatte.

Der Krankenwagen kam mit Martinshorn und Blaulicht. Monty weckte die Mädchen, die schläfrig und völlig verwirrt waren. Eine Nachbarin kam, um bei ihnen zu bleiben. Das letzte, was ich sah, als ich in den Krankenwagen getragen wurde, war Suzanne, die sich in ihre alte Lieblingsdecke gehüllt hatte und mich von Marybeths Fenster im ersten Stock aus beobachtete.

Der Rest war nichts als Schmerzen. Ich fühlte, wie ich die Kontrolle über mein Leben verlor.

Nach der Operation kam ich langsam zu mir. Ein Schlauch führte durch mein Nasenloch in den Magen und war mir sehr unangenehm im Hals. Der Mund war trocken. Ich bewegte mich ein wenig, und sofort neigte sich Monty zu mir herüber.

Ich konnte kaum sprechen, aber ich fragte: „Monty, habe ich Krebs?“

Monty konnte nicht sprechen, er nickte nur. Dann schüttelte ihn ein tiefes Schluchzen.

Ich schloß meine Augen. Ein gewaltiges Gewicht sank auf meine Brust.

Ich lag allein im dunklen Zimmer und starrte auf die nackte Decke. Die Nachtschwester ging auf dem Flur vorbei, alles war ruhig. Monty war zu Hause bei den Mädchen.

Dr. Mozdens Visite am Nachmittag war mir noch deutlich in Erinnerung.

„Der Krebs ist schon im dritten Stadium. Er hat alle lebenswichtigen Organe erreicht, deswegen kann er nicht operiert werden.“

Er schlug eine aggressive Chemotherapie vor und beschrieb mir auch sofort die Risiken. Es wäre wert zu kämpfen, aber normalerweise würde mein Fall als unheilbar angesehen.

Vielleicht muß ich sterben! Der Gedanke traf mich mit voller Wucht.

Ich hatte nie viel ans Sterben gedacht. Zumindest nicht an *mein* Sterben. Nur wenige Male hatte der Blitz des Todes nahe genug bei mir eingeschlagen, um mich durch seinen Donner zu ängstigen.

Als ich in der Oberschule war, verlor eine Mitschülerin das Gleichgewicht und fiel in eine Glastür. Das Glas zerbrach, und ein langer, scharfer Splitter fuhr in die Halsschlagader. Nach wenigen Minuten war sie tot.

Viele Jahre später berührte mich der Tod schon näher, der Verlust war größer, der Schmerz tiefer. Mit 77 war mein Vater immer noch der witzige, manchmal etwas dogmatische, aber freundliche und fromme Mann, als den ich ihn immer geliebt hatte. Er lebte noch in seinem eigenen Haus in Pennsylvanien, aber seine Kräfte nahmen doch zusehends ab. Da kam eines Tages der Anruf: Vater ist nicht mehr.

Meine Brüder und Schwestern, die in Vaters Nähe wohnten, holten mich am Flughafen ab. Kurz vor der Beerdigung fanden wir eine unvollendete Notiz, die Vater an eine seiner Schwestern geschrieben hatte: „Ich denke, ich werde bald heimgehen."

Er war heimgegangen. Der Gedanke tröstete mich, als ich Vater zum letztenmal anschaute: *Vater ist im Himmel, zu Hause.*

Eine Zeitlang mußte ich mit der Trauer über den Verlust kämpfen. Dann brachte mein Glaube mir Frieden. Mir war deutlich, daß für einen Christen der Tod nur die Fortsetzung einer unglaublichen Reise ist. Vater war jetzt in der ewigen Herrlichkeit.

Ich starrte immer noch an die Zimmerdecke. Die Schwester kam wieder an meiner Tür vorbei, die Kreppsohlen ihrer Schuhe quietschten auf dem gebohnerten Flur.

Diesmal war ich es vielleicht, die in ein anderes „Zuhause" gehen sollte. Aber ich *wollte* nicht, und ich war auch nicht bereit.

Zeilen von Gedichten und Liedern kamen mir in den Sinn. In einem seiner Bücher hatte C. S. Lewis geschrieben, der Tod bedeute „höher hinauf und tiefer hinein". Und natürlich wußte ich, daß die Bibel die goldenen Straßen der ewigen Stadt beschreibt, in der es keine Tränen mehr gibt.

Aber obwohl die goldenen Straßen des Himmels auf mich warteten – die Anziehungskraft der Erde war unglaublich stark. Sicher, eines Tages wollte ich mich auf das Abenteuer einlassen. Aber ich war noch nicht bereit, mich allein auf diese Reise zu begeben, ohne Rückfahrkarte.

Die Tränen flossen mir aus den Augen. Meine Familie zu verlassen, das war es, was mir so schwer fiel.

Monty war auf dem Höhepunkt seiner Berufung. Wir waren zwei durchaus eigenständige Persönlichkeiten, aber 18 Jahre Ehe hatten uns zusammenwachsen lassen. In schöpferischen Auseinandersetzungen war unsere Liebe gereift. Wir waren untrennbar. Wie konnte ich Monty auf dem Höhepunkt seines Lebens verlassen?

Und ich fühlte mich auch schuldig. Ich konnte doch Monty nicht die Erziehung unserer halberwachsenen Töchter allein überlassen. Schon an die beiden denken zu müssen tat mir weh.

Suzanne war so richtig in der Pubertät. Marybeth war schon sehr selbständig, sie liebte das Leben und fand sich gut darin zurecht. Eigenartig, der Gedanke, sie zurücklassen zu müssen, fiel mir leichter als der Gedanke an Monty oder Suzanne.

Wenn ich sie wenigstens noch durch die nächsten Jahre bringen könnte – dann wäre es leichter für sie. Ich begann, mit Gott zu handeln, und ich merkte, daß ich auch meinetwegen mit ihm handelte. Meine Familie war jung, sie brauchte die Liebe einer Frau. Und ich wollte meine Freude an ihr haben.

Da merkte ich, daß ich mich an die Seitenstange meines Bettes geklammert hatte. Ich entspannte mich, atmete tief, um ruhig zu werden.

Aber was ist es wert, wenn ich hier in Schmerz und Not liege und nichts für meine Familie tun kann? Und was ist, wenn ich ihnen eine Last werde und keine Freude mehr bin? Will ich wirklich, daß sich ihr Leben nur um mich dreht und daß sie Tag für Tag in dieses Krankenhaus kommen, nur um zu sehen, wie ich immer weniger werde?

Nach langem Kampf setzte sich eine neue Entschlossenheit durch. *Nein,* entschied ich mich, *ich muß schnell und leicht sterben.*

Der innere Kampf hatte mich furchtbar müde gemacht, und als ich endlich meine Augen schloß, kam eine tiefe Niedergeschlagenheit über mich, schwarz und schwer wie Steinkohle.

Es war mein Glück, daß Gott schon einige Freunde vorbereitet hatte, die wußten, wie sie mir die Last, die mich erdrücken wollte, leichter machen konnten.

Zuhören lernen

Einem Menschen zu helfen, sich zu öffnen und über seine Krankheit zu sprechen, ist vielleicht das größte Geschenk, das ein Mensch machen kann. Aber es ist wie beim Öffnen eines Geschwürs: Es braucht Direktheit *und* Einfühlungsvermögen. Ich hatte das bitter lernen müssen.

Einige Jahre vor unserem Umzug von Kalifornien hierher nach West Newton erkrankte Pamela, eine junge Frau, die unsere Gottesdienste besuchte, an Lymphdrüsenkrebs. Das Wort „Krebs" ließ mich erschrecken. Krebs bedeutete, daß sie vielleicht sterben müßte.

Eines Abends kam sie mit ihrem fünfjährigen Sohn zu uns zum Abendessen. Es ging mir ans Herz, Pamelas kleinen Jungen mit unseren Kindern spielen zu sehen. Immer mußte ich denken, daß er bald ohne Mutter sein könnte. Plötzlich fühlte ich all den Schmerz und all die Furcht, unter der Pamela leiden mußte.

Als wir mit dem Essen fertig waren, gingen die Kinder zum Spielen in ein anderes Zimmer, und Monty ging in sein Büro, um einige dringende Anrufe zu erledigen. Ich füllte zwei Becher mit dampfendem Kaffee, und wir setzten uns gemütlich ins Wohnzimmer.

Ich begann sofort das Gespräch, wählte ein harmloses Thema. Wir waren beide Lehrerinnen, und so fragte ich sie nach ihren Erlebnissen in der Schule. Dann unterhielten wir uns darüber, wie schön es ist, Kinder großzuziehen, und zuletzt sprachen wir über einige neue Veranstaltungsangebote in der Gemeinde.

Innerlich stand ich unter einem furchtbaren Druck. Wie gerne hätte ich sie gefragt: „Pamela, sag mir, wie das ist – die Chemotherapie, der Kampf auf Leben und Tod, der in deinem Körper ausgetragen wird?“ Aber die Worte blieben in meinem Kopf stecken.

Bald kamen die Kinder zurück und unterbrachen unser Gespräch. Dann kam auch Monty dazu, und ich hatte die gottgegebene Gelegenheit versäumt, Pamela ein Stück in ihren inneren Kämpfen zu helfen und ihre innere Kraft zu stärken.

Die Gelegenheit kam nie wieder. Und erst, als ich selbst ein ähnliches Leiden bekam, sah ich, was ich falsch gemacht hatte.

Selbst krebskrank, versuche ich mir dauernd Mühe zu geben, andere durch ein Gespräch über meine Krankheit nicht zu belasten, obwohl mir ein offenes Gespräch mit ihnen so gut täte.

Manchmal möchte ich gern darüber sprechen, wie ich mich fühle und wie ich die Behandlung erlebe. Oder darüber, wie schrecklich langweilig es ist, nur auf dem Rücken zu liegen. Oder über die Sorge, die ich mir wegen Monty und den Mädchen mache. Manchmal mag ich überhaupt nicht an Krebs denken, geschweige denn darüber reden. Ich weiß vorher nie, wie mir gerade zumute sein wird. Aber ich freue mich immer, wenn mich jemand offen fragt, ob ich über das sprechen möchte, was mich bewegt.

Aus meinen Erfahrungen habe ich gelernt, daß es nötig ist, einige Vorbereitungen zu treffen, bevor Sie einen Schwerkranken besuchen.

In den meisten Fällen müssen wir erst einmal lernen, den Namen der Krankheit laut auszusprechen. Das ist schwerer, als Sie denken mögen. Bevor Pamela zu Besuch kam, hätte ich üben müssen, das Wort „Lymphdrüsenkrebs" auszusprechen. Hätte ich das geübt, wären mir die Worte vielleicht nicht in der Kehle steckengeblieben.

Wenn es auch nötig ist, die Krankheit beim Namen zu nennen, so sollte man doch das Wort „unheilbar" vermeiden, weil es für Gottes Eingreifen keinen Raum läßt.

Was für ein Segen war es, daß ich in meiner Krankheit Freunde fand, die so mitfühlend und einfühlsam waren, daß sich wohl niemand ihnen hätte verschließen können.

Von Judith lernte ich, daß man mit einem Schwerkranken, dem man helfen möchte, durchaus nicht eng befreundet sein muß. Sie wohnte nur vorübergehend in unserer Stadt, während ihr Mann seine Ausbildung zum Zahnarzt abschloß. Sie arbeitete sofort in unserer Gemeinde mit, und sie ließ sich auch von der Tatsache, daß wir einander kaum kannten, nicht abschrecken.

Eines Morgens kam sie mich besuchen. Sie sagte: „Ich kenne Sie kaum, aber ich bin sicher, Sie brauchen jemanden. Ich hab nicht viel zu sagen, aber ich kann wenigstens zuhören."

Die Worte taten mir gut, und Judith hielt, was sie

versprach. Während wir miteinander redeten, war sie ganz dabei, und ich merkte, sie wollte wirklich wissen, wie es mir ging.

Ein anderer guter Zuhörer und wirklicher Freund ist Dennis Doerr, der zweite Pastor unserer Gemeinde. Er besuchte mich oft, und von ihm lernte ich zwei wichtige Dinge übers Zuhören.

Dennis besuchte mich ein paar Tage nach meiner Operation, noch bevor die Chemotherapie begonnen hatte. Seine Augenbrauen waren buschig, als wollten sie sein Lächeln und sein Interesse verbergen. Er setzte sich auf die Kante des Sessels neben meinem Bett, und ich wußte natürlich, daß Monty ihm schon alles über die ärztliche Diagnose gesagt hatte.

Er drückte mir kurz und höflich die Hand, und dann kam er sanft und direkt zur Sache.

„Betsy, wie wirst du mit den Ergebnissen der Operation fertig?“ fragte er und lehnte sich etwas zu mir herüber.

Ich brauchte lange, bis ich antworten konnte. Dennis wartete geduldig, und er versuchte auch nicht, das Thema zu wechseln. Als ich dann endlich zu antworten begann, brauchte ich lange, um alles zu sagen, was ich sagen wollte – denn ich war einfach müde und mußte außerdem erst noch meine Gedanken sortieren.

So lange wie ich für die Antwort brauchte – und das war ziemlich lange –, so lange hörte Dennis mir zu. Er wußte, daß ich all das Hin und Her zwischen Hoffnung und Verzweiflung, das in mir war, loswerden mußte. Als ich vor ihm das ausschüttete, was ich fühlte und erlebte, ließ er seinen teilnehmenden Blick durch nichts ablenken.

Erst als ich alles gesagt hatte, was ich innerlich erlebte, wandte er sich einem neuen wichtigen Thema zu.

„Wie wird die Behandlung sein, die du bekommen wirst?“ fragte er.

Diese wenigen Worte machten mir Mut, darüber zu sprechen. Was ich sagte unterbrach er manchmal durch eine Rückfrage, weil ich die Chemotherapie zuerst sehr unklar schilderte. Sogar seine Fragen zeigten mir, daß er wirklich an mir interessiert war.

Das war der erste von Dennis' vielen Besuchen. Jedesmal, wenn er mich besuchte, war er daran interessiert, was *ich* zu sagen hatte.

Das ist der wichtigste Schlüssel zum guten Zuhören: Nehmen Sie keine fertige „Tagesordnung“ mit.

Einmal besuchte mich eine ältere Dame. Sie fragte, wie ich mich fühlte, und bevor ich auch nur einen halben Satz sagen konnte, legte sie mit einem zwanzigminütigen Bericht über ihren letzten Besuch bei ihren Enkelkindern los. Das war das, was sie vorbereitet hatte, um die Zeit des Besuchs zu „füllen“.

Es ist äußerst wichtig, daß Sie dem Kranken die „Tagesordnung“ überlassen. Es braucht nur ein paarmal zu passieren, daß jemand fragt, wie es mir geht, und dann anfängt zu erzählen, bevor ich geantwortet habe, daß ich die Botschaft verstehe: Mein Besucher ist nicht an mir interessiert. Und dann ziehe ich mich zurück.

Den zweiten Schlüssel zum Zuhören, den ich von

Dennis Doerr erhielt, ist das aktive Zuhören. Dazu ist Augenkontakt und wirkliche Konzentration nötig. Wenn Sie so zuhören, dann folgen Sie den Gedankengängen des Kranken, selbst wenn diese Gedankengänge sehr verwickelt sind.

Denken Sie daran, daß eine ernsthafte Krankheit den Kranken sehr einschränkt. Vielleicht ist er oder sie schon sehr lange im Krankenhaus oder liegt zu Hause. Und wenn Sie fragen, wie er sich fühlt, kann die Antwort durchaus sein: „Gelangweilt."

Antwortet der Kranke so, fangen Sie nicht an, die letzten tollen Fernsehsendungen zu beschreiben und zu erzählen, was Sie sonst noch so erlebt haben. Das mag der Kranke nicht, denn in solchen Erzählungen geht es nicht um den Kranken, sondern um Sie selbst.

Nein. Gehen Sie statt dessen auf die Langeweile des Kranken ein. Vielleicht hätte er gerne Zeitschriften zu lesen oder irgendeine Handarbeit zu tun. Vielleicht ist es gut, regelmäßige Besuche zu organisieren. Aber vergessen Sie dabei nicht, daß Kranke wenig leistungsfähig sind. Auch die Besuchszeiten und die Bedürfnisse der Familie des Kranken sollten Sie bedenken. Häufig ist das Gefühl des Gelangweiltseins in dem Empfinden des Kranken begründet, daß das Leben an ihm vorübergeht, daß niemand sich darum kümmert, wo er ist und wie es ihm geht.

Wichtig ist, daß der Kranke über seine Gefühle sprechen kann, wenn er das möchte. Aber Einfühlsamkeit ist hier nötig.

Manchmal wird der Kranke gefragt: „Wie *fühlst* du

dich bei all dem, was du durchmachen mußt?" Ich habe oft einfach geantwortet: „Schrecklich!"

Bei so einer Antwort mag ein geschickter Besucher versuchen, dem Kranken zu helfen, genauer über seine Gefühle zu sprechen. Vielleicht können Sie fragen: „Macht dich deine Krankheit ärgerlich?" oder „Bist du einsam?" Sie könnten auch fragen: „Worüber machst du dir die meisten Sorgen?" oder „Was fehlt dir am meisten?"

Was man fühlt, ist natürlich nicht nur eine Sache von Emotionen. Dem Kranken geht es ja auch körperlich schlecht. Er fühlt Schmerzen, oft schlimme Schmerzen. Und wenn Sie sich die Einzelheiten des Leidens anhören, mag das oft hart für Sie sein. Aber wie glücklich bin ich über die von meinen Freunden, die sich auch davor nicht fürchteten.

Eine Freundin fragte mich einmal: „Was machst du mit all diesen Stunden des Krankseins?" Vielleicht hatte sie erwartet, daß ich von Büchern sprechen würde. Aber ich schaute sie an und antwortete einfach: „Meistens krieche ich völlig erschöpft ins Bett. Manchmal schlafe ich sofort ein. Aber meist liege ich wach, und die Gedanken gehen mir im Kopf herum – und dann muß ich mich bald wieder erbrechen."

Meine Freundin schüttelte den Kopf, aber sie wich nicht aus. Ich merkte, daß sie versuchte, so zu fühlen, als ob sie in meiner Haut steckte. Sie versuchte zu empfinden, wie die Behandlung auf mich wirkte. Sie identifizierte sich mit meiner Schwäche. Sanft antwortete sie: „Es muß schrecklich sein, wenn sich so das Innerste nach außen kehrt."

Als sie gegangen war, fiel mir ein, daß sie die Unterhaltung leicht auf ein etwas angenehmeres Thema hätte bringen können. Aber sie hatte es nicht getan und auch alle auf sich selbst bezogenen Bemerkungen vermieden, weil sie wußte, daß für eine leichtere Unterhaltung bestimmt auch einmal die Gelegenheit kommen würde.

Es kann durchaus sein, daß der Kranke einmal einen guten Tag hat. Er ist mit seinen Gefühlen klargekommen, es geht ihm besser. Manchmal geht auch eine Krankheit, so wie bei mir, für eine Zeit zurück. Jeder Besucher ist froh, wenn der Kranke sagt, daß es ihm wirklich „gut" gehe.

Aber auch das ist kein Anlaß, lange Geschichten zu erzählen. Füllen Sie die Zeit des Besuches nicht mit Gerede über Ihre eigenen Pläne und Wünsche. Lassen Sie den Kranken über das reden, was ihn oder sie beschäftigt. Vielleicht möchte eine Kranke gerne einmal wieder richtig zum Friseur. Oder vielleicht möchte sie darüber sprechen, wie schön es wäre, wenn sie wieder zurück im täglichen Familienalltag wäre oder einen Ausflug machen könnte. Worum es auch immer gehen mag, klar muß sein: Der Besuchte bestimmt das Thema, nicht der Besucher.

Nicht allen geht es so, aber die meisten Schwerkranken werden sich der geistlichen Dimension ihres Lebens ganz neu bewußt. Vielleicht hat der, den Sie besuchen, vor der Krankheit nie an Gott, das ewige Leben oder geistliche Dinge gedacht. Vielleicht steht er aber auch schon lange im Glauben. Gleich was vorher war, eine schlimme Krankheit ist immer eine

Zeit schwerer geistlicher Kämpfe, sie ist eine Zeit des Zweifels und der Prüfung, und vielleicht erlebt der Kranke das erste Mal, wie stark sein Glaube wirklich ist.

Für mich war dies Erleben so wichtig, daß ich ihm in diesem Buch zwei Kapitel widmen möchte.

Bei einem Besuch kann es aber noch eine dritte Möglichkeit geben. Es kann sein, daß der Kranke nicht über seine Krankheit sprechen möchte und auch nicht über wirklich persönliche Dinge. Es gibt Menschen, denen fällt es einfach schwer, sich mitzuteilen. Und andere teilen sich wohl mit, aber nur ganz wenigen Menschen. Wenn das so ist, lassen Sie es gut sein.

In Kalifornien kannte ich eine Frau, die während des ganzen Kampfes gegen die Krankheit, an der sie dann am Ende starb, um sich herum eine warme, positive und fröhliche Atmosphäre verbreitete. Alle, die sie kannten und liebten, waren fasziniert von ihrer Persönlichkeit, die fröhlich und stark war bis zum Ende.

Einige ihrer Bekannten begannen, sich Sorgen zu machen, weil sie niemals von ihrem nahen Tod sprach. Sie konnte von ihren täglichen Kämpfen erzählen und auch von ihren Schmerzen.

Sie konnte sogar ihre Krankheit beim Namen nennen. Aber wir alle waren unfähig, etwas von ihren Gedanken über den Tod zu erfahren, von dem wir wußten, daß er bald eintreten würde, wenn nicht ein Wunder geschähe.

Ich sagte das eines Abends meinem Mann, und er machte sich gar keine Sorgen. Als Pastor gehörte er nämlich zu der Krebskrankengruppe, an deren Treffen auch die Kranke teilnahm.

„Mach dir keine Sorge“, versicherte Monty mir, „sie spricht viel vom Sterben. Sie geht dem Tod in Frieden entgegen. Und sie spricht auch über ihre Gefühle, aber sie ist wie viele Menschen – sie spricht nur mit wenigen darüber.“

In der Gruppe konnte sie offen sagen, was sie empfand, und so hatte sie kein Bedürfnis, das Thema mit ihren Freunden zu besprechen. Und hätten wir ihr das Thema aufgezwungen, wäre das Gespräch keine Hilfe gewesen, sondern hätte nur Schmerz verursacht.

Das genaue Gegenteil habe ich selbst erlitten. Eine Frau, die mich besuchte, fragte mich so lange aus, bis ich mich offenbarte. Ich weiß, sie meinte es gut, als sie sich selbst zu meiner Vertrauten ernannte. Und anfangs, als ich alle Mühe hatte, mich mit der Tatsache meiner Krankheit vertraut zu machen, schätzte ich ihr Interesse. Aber als ich dann aus dem Krankenhaus entlassen war und es mir so gut ging, daß ich wieder am normalen Leben teilnehmen konnte, wollte ich nicht dauernd wieder dieselben Probleme behandeln.

Aber jedesmal, wenn diese Frau mich irgendwo in irgendeinem Raum entdeckte, schlängelte sie sich zu mir durch, und ich zuckte schon innerlich zusammen, weil ich genau wußte, was sie fragen würde. Inmitten der lustigsten Unterhaltung über Kinder, Kirche oder Kochrezepte stellte sie unweigerlich die unheilverheißende Frage: „Wie fühlst du dich? Schreitet deine Krankheit fort?“

Ich wurde immer ärgerlicher. Denn zu der Zeit brauchte ich Menschen, die mich, so weit wie eben möglich, wie einen normalen, produktiven und kreativen Menschen behandelten, der halt gegen den Krebs kämpfte. Aber für diese Frau war ich nicht mehr Betsy Burnham, sondern „die Frau, die Krebs hat". Meine Krankheit war ihr einziges Gesprächsthema, selbst dann, als sie überhaupt nicht mein Thema war.

Wenn Sie einem Menschen helfen wollen, die emotionalen, geistigen und geistlichen Kämpfe zu bestehen, die zu einer Krankheit gehören, dann ist Zuhören der erste und wichtigste Schritt. Ein Besucher, der zuhört, hilft dem Kranken in seinen Kämpfen, trägt seine Last mit und macht so Kräfte frei, die der Kranke im Kampf um sein Leben einsetzen kann.

Im alttestamentlichen Buch des Predigers ist der schönste, erhebendste und wohl auch meistzitierte Abschnitt vielleicht dieser: „Ein jegliches hat seine Zeit, und alles Vorhaben unter dem Himmel hat seine Stunde" (Pred 3,1).

Im selben Abschnitt sagt der weise Prediger: „Schweigen hat seine Zeit, reden hat seine Zeit" (Vers 7).

Wenn Sie einen Schwerkranken besuchen, müssen Sie natürlich mehr als nur zuhören können. Aber zuhören ist der erste Schritt, und wenn Sie zuhören, erfahren Sie auch, worüber Sie reden sollen. Wenn Sie zuhören, gewinnen Sie das Recht und finden auch die „Zeit zum Reden".

Wenn Besucher mir Wesentliches sagten, dann waren es nicht die glatten Worte wie: „Kopf hoch, es wird schon werden.“ Solche Worte sind sinnlos. Gut, daß ich Freunde hatte, die nicht nur „aktiv“ zuhören, sondern auch aus dem Herzen zu mir sprechen konnten.

Dorothy Jane war schon lange Jahre eine weise Freundin, und von ihr lernte ich viel über diese beiden wichtigen Seiten einer Freundschaft.

Als sie von meiner Diagnose hörte, stieg sie sofort ins nächste Flugzeug nach Boston. Dorothy war Sozialarbeiterin und Familienberaterin, und während unseres Dienstes war sie für Monty und mich immer eine große Stütze gewesen.

Einige lange Abende saß sie an meinem Krankenbett, und wir sprachen miteinander. Ich war sehr schwach, und ich konnte immer nur für Augenblicke über meine Gedanken über die Zukunft und über meine Sorgen um Monty, Suzanne und Marybeth sprechen. Ich war körperlich und seelisch so schwach, daß ich von dem, was sie sagte, zuerst nur wenig aufnehmen konnte.

Aber an einem ruhigen Nachmittag saß Dorothy an meinem Bett und sprach von ihrem eigenen Leben. Sie hatte es schwer gehabt, und die schwere Zeit hatte in ihr einen festen christlichen Charakter geprägt und hatte sie einfühlsam gemacht. Irgendwie wußte sie genau, was mich in dem Augenblick beschäftigte.

„Betsy“, erinnerte sie mich, „ich war dreizehn, als meine Mutter an Krebs starb.“ Sie neigte sich zu mir herüber und nahm meine Hand in ihre.

Natürlich hatte ich gewußt, daß Dorothys Mutter an Krebs gestorben war. Wie hatte ich das vergessen können? Es war Gott selbst, der Dorothy durch ihre Teenagerjahre hindurch zu der weisen und wunderbaren Frau hatte heranwachsen lassen, als die wir sie so sehr schätzten. Wenn der Herr einmal durch seine Liebe, Gegenwart und Macht ein junges Mädchen ohne Hilfe seiner Mutter zu so einer Persönlichkeit machen konnte, würde er auch meine Mädchen auf seine vollkommene Weise führen können.

Ich starrte auf unsere ineinanderliegenden Hände, und plötzlich schien es mir, als ob Dorothys Stärke und Festigkeit wie ein elektrischer Strom durch ihre Finger in mich floß. Ich wußte, daß es nicht leicht für sie war, mich zu besuchen und dadurch die Erinnerung an die Krankheit ihrer Mutter und deren Tod wieder aufzufrischen.

Tränen traten mir in die Augen. Dorothy hatte Gottes Auftrag an mich mit dieser Reise erfüllt. Mein Sinn war zur Ruhe gekommen, und in diesem Augenblick konnte ich wirklich Gott vertrauen.

Aber es waren nicht nur enge Freunde, die mir halfen. In unserer mobilen Gesellschaft hat man selten die Gelegenheit, über Jahre eine so intensive Freundschaft aufzubauen wie sie zwischen mir und Dorothy bestand. Aber selbst ein eben noch Fremder kann einem Kranken helfen, wenn er das richtige Wort im richtigen Augenblick sagt.

Nicht lange nach Dorothys Abreise kam eine Krankenschwester, die neu auf der Station war, in mein Zimmer und stellte sich vor. Sie war jung und hatte ein richtig belebendes Lächeln. Sie hätte sich ja mein

Krankenblatt ansehen können und hätte alles gewußt, was sie beruflich über mich hätte wissen müssen. Aber sie nahm sich bewußt die Zeit und fragte nach meiner Familie und nach der Art meiner Krebskrankheit.

Ich sagte ihr, welche Diagnose der Arzt gestellt hatte und welche Behandlung vorgesehen war. Vielleicht merkte sie die Betroffenheit in meiner Stimme, als ich sagte, wie alt meine Töchter seien.

Als ich geendet hatte, ruhten ihre sanften Augen immer noch auf den meinen. Dann sprach sie, leise und natürlich:

„Als ich fünfzehn war, starb meine Mutter. Das war hart, aber wir haben es geschafft. Die ganze Familie mußte zusammenhalten, und wir haben uns die Arbeit geteilt. Und trotzdem bin ich ein ganz normaler Teenager geblieben.

Jetzt bin ich verheiratet und habe ein Kind. Ich merke, daß das, was ich gelernt habe, als meine Mutter krank war – und nachdem sie uns verlassen hatte –, mir geholfen hat, eine bessere Mutter und Frau und Krankenschwester zu werden."

Mehr brauchte sie nicht zu sagen. Sie strahlte Liebe und Kraft aus, ich wußte, daß es wahr war, was sie sagte. Und ich dankte meinem Vater im Himmel dafür, daß er mir einen Menschen mit den richtigen Worten geschickt hatte.

Dorothy und die Krankenschwester hatten beide zu mir aus ihrem Herzen gesprochen, und das war es, worauf es ankam. Ohne mir weh zu tun, hatten sie das angesprochen, was mich im Augenblick am meisten beschäftigte: Suzanne und Marybeth und ihre Zukunft.

Sie hatten mir tiefes Mitgefühl geschenkt, nicht oberflächliche Sympathie. Sie hatten die Seite meines Lebens selbst erlebt, auf der ich mich jetzt befand. Aber sie hielten mir keine Predigt und auch keine forsche Ermutigungsrede. Direkt und rücksichtsvoll erinnerten sie mich daran, daß selbst aus Krankheit und Tod unter Gottes Fürsorge Gutes werden kann.

Aber es kann gut sein, daß Sie und Ihre Familie noch nie diesen Kampf gegen eine lebensbedrohende Krankheit mitgemacht haben. Das bedeutet nicht, daß Sie mit einem Kranken nicht auf eine gemeinsame Ebene kommen können. Suchen Sie *die* Ebene, die Ihnen gemeinsam ist.

Diese gemeinsame Ebene ist gar nicht so schwer zu finden. Krankheit bringt viele Empfindungen wie Einsamkeit, Angst, Traurigkeit, Sinnlosigkeit, Ärger, Enttäuschung. Und das sind Gefühle, die jeder Gesunde, mehr oder weniger stark, oft auch hat. Auf der Ebene dieser Empfindungen können Sie einem Kranken begegnen.

Vielleicht sagt Ihnen der Kranke, daß er Angst hat vor der Operation oder vor einer angesetzten Behandlung. Und vielleicht kennen Sie selbst die schreckliche Angst um das Leben eines Kindes, Ihres Ehepartners oder sogar die Angst um Ihr eigenes Leben. Wenn es so ist, können Sie dem, den Sie besuchen, kurz davon erzählen. Wenn Sie das tun, seien Sie bereit, auf Fragen ehrlich zu antworten, aber denken Sie daran, daß nicht Ihr Erleben im

Mittelpunkt des Gespräches steht, sondern der Kranke.

Ich weiß, daß eine Begegnung auf dieser Ebene der persönlichen Mitteilung für viele nicht leicht ist. Manch einer ist es nicht gewohnt, etwas von seinen Empfindungen mitzuteilen. Andere fürchten, es könnte sie verletzbar oder schwach erscheinen lassen oder gar unvollkommen und unbeherrscht.

Eines Abends besuchte mich ein befreundetes Ehepaar. Nach ein paar netten Worten fragten sie mich, wie es mir denn ginge.

Nun hatte ich gerade kurz vorher schlechte Nachricht bekommen. Die Chemotherapie hatte nicht, wie gehofft, das Wachsen des Krebses verlangsamt, und ich schaffte es nicht, meine Enttäuschung zu verbergen.

Als ich das wiederholte, was mir der Arzt gesagt hatte, begann die Frau zu weinen, daß ihr die Tränen über die Wangen liefen. Sie entschuldigte sich sofort: „Es tut mir leid, ich wollte doch nicht so weinen."

Ihr Mann saß nervös auf dem Fensterbrett, er konnte kaum ein paar Sekunden ruhig sitzen. Endlich sagte er: „Ich fühle mich so unwohl. Ich weiß überhaupt nicht, was ich sagen soll."

Sie brauchten überhaupt nichts zu *sagen*. Sie waren gekommen. Ich spürte ihre Liebe und Zuwendung. Und so versicherte ich ihnen, daß es wirklich Schlimmeres gäbe, als in meiner Gegenwart zu weinen.

Wirklich unglücklich sind die, die den Kranken gar nicht erst besuchen. Ein junger Mann sprach mich kürzlich an: „Die ganze Zeit, die du im Krankenhaus warst, wollte ich dich besuchen." Dann wurde er rot: „Aber ich hab es nicht geschafft – weil ich Angst hatte, ich müßte heulen."

In Wahrheit ist jeder von uns stark und schwach zugleich. Ich meine nicht, daß Sie wild aufschreien sollten, um dem Kranken Ihr Mitgefühl zu zeigen. Aber wenn Sie Ihre Gefühle nicht unterdrücken, können Sie in eine tiefe Beziehung eintreten, die anderen verlorengeht.

Eine Beziehung ist dann am befriedigendsten, wenn Sie nicht auf *Tatsachen* hören, sondern auf *Gefühle*. Eine tiefere Beziehung entsteht meist erst dann, wenn alles Wesentliche über die Diagnose und die Symptome gesagt ist. Dann kann man auf der tieferen Ebene der Gefühle miteinander reden.

Natürlich ist es viel leichter, gute Nachrichten zu hören und darauf zu reagieren. Mit vielen meiner Freunde kann ich herrlich reden, wenn ich hoffnungsvoll bin, voller Energie, geduldig und fröhlich. Aber die Freunde, die fähig sind, auf meinen Ärger, meine Enttäuschung, meine Angst und meine Trauer einzugehen, sind die besten Freunde.

Viele Leute, auch unter unseren besten Freunden, haben Mühe, auf negative Gefühle zu reagieren. Leider hat man den meisten Menschen beigebracht, oberflächlich zu reagieren, wenn jemand seine Empfindungen zeigt. Es ist schlimm, wenn ein Kranker uns seine Gefühle offenbart und wir dann mit irgendeiner schablonenhaften Antwort reagieren.

Einmal habe ich so eine Reaktion selbst sehr dramatisch erlebt. Ich besuchte eine gläubige Frau, die im Sterben lag. Sie war schwach und litt unter großen Schmerzen. Während wir miteinander sprachen, kam eine Frau namens Sue herein und blieb am Fußende des Bettes stehen.

„Mach dir keine Sorgen“, schlug Sue vor, „alles wird gut werden. Es ist so ein herrliches Wetter draußen. Du mußt nur den Kopf hochhalten und an Schönes denken, dann bist du hier raus, ehe du es ahnst.“

Ich war von Sues Rede schockiert, und zugleich tat sie mir leid. Es war offensichtlich, daß die Kranke *nicht* mehr nach Hause kommen würde. (Sie starb drei Wochen später.) Da sie treu im Glauben stand, würde mit ihrem ewigen Leben alles gut werden, aber hier und jetzt *litt* sie.

Ich will Sue gegenüber fair sein und annehmen, daß sie sich einfach nicht in die Lage der Kranken einfühlen konnte. Vielleicht hatte sie es selbst nie gelernt, tiefere Gefühle zuzulassen. Aber ihr gewaltsamer Optimismus schadete nur. Wenn sie den Schmerz der Krankheit nicht nachempfinden konnte, wäre es schon genug gewesen, wenn sie still ihre Hand gehalten oder ihr etwas über die Schultern gestrichen hätte. Das wäre besser gewesen als leere Worte, denn die Gesten hätten Mitgefühl zum Ausdruck gebracht.

Denken Sie immer daran, daß es besser ist, positiven oder negativen Empfindungen Ausdruck zu verleihen, als sie zu verbergen. Erlauben Sie sich Gefühle und fürchten Sie sich nicht, sie auszudrücken.

Das Wissen, daß ich Freunden wichtig bin und daß sie das Auf und Ab meiner Empfindungen miterleben, hat mir oft neue Kraft und Entschlossenheit gegeben, wenn das Leben mit der Krankheit hart wurde.

Was ich bisher gelernt habe, bedeutet nicht, daß nicht auch *Stärke* emotional ausgedrückt werden kann. Weil sie so direkt betroffen ist, ist es häufig für die Familie des Kranken am schwersten, mit der Situation fertig zu werden. Vielleicht braucht der Kranke Sie zur Stärkung und Ermutigung, weil seine Angehörigen so erschüttert sind.

Ein ganz unglückliches Beispiel ist das eines jungen Mannes, der sich völlig auf die Zuneigung Fremder verlassen mußte, als die Ärzte bei ihm Leukämie feststellten.

Er hatte seine erste Stelle nach dem Studium, weit weg von seinem Elternhaus. Schwere Müdigkeit war das erste Signal, das er übersah. Dann hatte er langwierige und schmerzhafte Drüsenschwellungen. Er ging zum Arzt in der Meinung, er hätte eine leichte Infektion.

Die Diagnose der Ärzte hielt der junge Mann monatelang vor seiner Familie geheim, obwohl er sofort christliche Freunde – die er kaum kannte – um Mittragen und Fürbitte bat. Sein Verhalten erklärte er so:

„Meine Mutter machte sich ihr ganzes Leben lang um alles und jedes Sorge, und deswegen leidet sie seit einiger Zeit an inneren Blutungen. Und immer, wenn es Probleme gibt, verschlechtert sich Mutters Zustand. Dann müssen wir zusätzlich zu den Problemen, die wir haben, uns auch noch um ihre Gesundheit sorgen.

So habe ich mich entschieden, so lange wie möglich

in meiner eigenen Wohnung zu bleiben und meiner Familie nichts zu verraten. Dann brauche ich nicht auch noch mit ihrem Schock fertig zu werden.“

Zum Glück überzeugten ihn christliche Freunde, daß er, ganz gleich, wie schlimm die Nachricht sei, seine Familie daran teilhaben lassen müsse. Seine Freunde halfen ihm durch ihre Stärke, mit seiner Krankheit klarzukommen – und auch mit einer äußerst schwierigen Familiensituation. Sie teilten seine Empfindungen, sie verstanden, wie er seine Familie erlebte, *und* ermutigten ihn in dieser doppelt schweren Situation.

Wie schön und willkommen ist für einen Kranken die Stimme eines Freundes, der aus seinem Herzen heraus zu ihm spricht.

Aber trotzdem gibt es noch eine tiefere und wichtigere Ebene, auf der ein Kranker vielleicht Ihre Hilfe braucht. Diese Ebene ist die des Geistes. Der Geist des Menschen wird mit einem Brunnen verglichen. Der Geist kann eine Quelle der Freude und der Stärke sein, aber wenn ein Mensch krank ist, kann diese Quelle austrocknen.

Die fünf Gesichter des Schwerkranken

Ich weiß nicht, wo die Vorstellung herkommt, daß ein Christ keine negativen Emotionen zeigen darf. Aus der Bibel kommt sie jedenfalls nicht.

Hiob, der sich bitter über seinen Schmerz und seinen Verlust beklagte, vergaß doch niemals, daß Gott allmächtig ist. Seine Freunde waren entsetzt über seine Klagen und versuchten, ihn zum Schweigen zu bringen, aber am Ende war es Hiob, der Gott viel besser verstanden hatte als sie.

David, der König Israels, drückt in den Psalmen, denen keine spätere Erbauungsliteratur gleichkommt, die Höhen und Tiefen seiner Gefühle aus. Sein Schmerz ist so stark wie seine Freude groß ist. Aber er fühlt sich nie schuldig, daß er „nicht positiver war".

Ich habe begriffen, daß Gott meine Gefühle versteht. Er wendet sich nicht ab, wenn wir schwach, verletzt oder niedergeschlagen sind. Er geht mit uns den Weg, den wir gehen. Er gibt uns die *Würde,* Gefühle zu haben. Er begleitet uns und ist immer bereit, uns den Weg zur Heilung unserer Gefühle zu zeigen, wenn wir dafür bereit sind.

Als ich operiert worden war, war das für Monty vielleicht noch schwerer als für mich. Die Frage, wie es mit mir weitergehen würde, seine tägliche Arbeit, die Notwendigkeit, den Haushalt wenigstens in einem der Ordnung ähnlichen Zustand zu halten, und dann die täglichen Besuche bei mir im Krankenhaus, das war einfach zuviel. Er war körperlich erschöpft und geriet in eine tiefe Depression. Es war wie eine innere Lähmung.

Viele liebe Menschen standen uns bei, beteten für uns und halfen in vielen praktischen Dingen. Aber anderen fiel es schwer zu erleben, wie ihr Pastor, das geistliche Vorbild, mit den negativen Gefühlen, die jede Depression begleitet, zu kämpfen hatte.

Monty war immer ehrlich, und er verbarg es auch nicht, wenn er Angst hatte, durcheinander oder verletzt war. Dann brauchte er die Tragkraft des Leibes Christi, nämlich der Gemeinde.

Wenn es ihm mal nicht gutging, bekam er oft die Antwort: „Ich mache mir Sorgen um Sie. Sie müssen Ihre Einstellung ändern und nur auf Gott vertrauen."

So eine Antwort war wie Salz, das in eine Wunde gerieben wird, und manchmal reichten auch Blicke schon aus, um das gleiche zu erreichen.

Monty hat seinen Glauben nicht verloren, und sein tiefes Gottvertrauen war nie in Gefahr. Aber er brauchte die Möglichkeit, bei denen, die ihm nahestanden, positive *und* negative Gefühle ausdrücken zu können, ohne sich schuldig fühlen zu müssen.

Wenn Sie einem Schwerkranken einfühlsam begegnen wollen, bitte, dann lassen Sie ihn die Gefühle zum Ausdruck bringen, die sein Inneres aufwühlen. Wenn Sie herausfinden, welche Einstellung der Kranke zur Zeit zu seinem Leiden hat, ist das sehr hilfreich. Ich möchte fünf Einstellungen unterscheiden, die oft wie in Phasen aufeinanderfolgen.

Die erste Phase ist meist die Phase der *Verneinung*. Nein, mein Leben ist nicht in Gefahr. Diese Haltung ist völlig normal, und sie schützt den Menschen erst einmal vor der schmerzlichen Realität, indem er den bewußten Gedanken an den Tod wegschiebt.

Vier oder fünf Tage nach meiner Operation und der daraus gewonnenen schlimmen Diagnose wachte ich oft mit dem Gedanken auf: „Das ist ja alles nur ein böser Traum. Die haben was falsch gemacht. Wenn ich richtig aufwache, werde ich merken, daß alles nicht wahr ist." Und mit diesem Gedanken schlief ich dann wieder ein.

In dieser ersten Phase mußte ich mich von der körperlichen Belastung durch die Operation erholen. Das war wie eine Ruhepause vor den mir bevorstehenden geistlichen Kämpfen. In dieser Zeit halfen mir bestimmte Bibelstellen.

Wenn Sie einen Schwerkranken besuchen, ist es gut, wenn Sie ihm eine Bibel mitbringen, in der Verse angestrichen sind, die von Gottes ewiger Treue sprechen. Dies sind einige geeignete Verse:

„Jesus Christus gestern und heute und derselbe auch in Ewigkeit" (Hebr 13,8).

In den Psalmen versichert uns David, daß Gottes Liebe immer frisch und neu ist und daß wir immer von ihr schöpfen können wie aus einer klaren Quelle kühlen Wassers: „Herr, deine Güte reicht, so weit der Himmel ist, und deine Wahrheit, so weit die Wolken gehen. Wie köstlich ist deine Güte, Gott, daß Menschenkinder unter dem Schatten deiner Flügel Zuflucht haben!“ (Ps 36,6.8).

Und der überschwengliche hundertste Psalm endet mit dem faszinierenden Versprechen: „Der Herr ist freundlich, und seine Gnade währet ewig und seine Wahrheit für und für“ (Ps 100,5).

Und David sagt uns: „Der Herr hat Gefallen an denen, die ihn fürchten, die auf seine Güte hoffen“ (Ps 147,11).

Und im Trostbuch Jesajas lesen wir: „Das Gras verdorrt, die Blume verwelkt, aber das Wort unseres Gottes bleibt ewiglich“ (Jes 40,8).

Nach einiger Zeit begriff ich, daß ich mit meiner Krankheit nicht fertig werden konnte, wenn ich sie verneinte. Ich mußte der Tatsache, daß ich sterben könnte, ins Gesicht sehen. Aber genauso wie die meisten Leute habe ich versucht, Gott die Krankheit abzuhandeln.

Mit Gott *verhandeln* ist oft die zweite Phase.

Ich betete: „Mein Gott, wenn du mich nur gesund machst, dann will ich alle Vorträge halten, um die ich gebeten werde, und dann will ich die Gemeindebibelschulstunden leiten und nie bei den Gemeindeveranstaltungen fehlen.“

Ich versuchte, mit Gott zu handeln, als ob er ein fliegender Händler auf dem Markt sei. Aber sowenig, wie ich meine Erlösung verdienen kann (siehe Eph 2,8.9), kann ich irgend etwas tun, um meine Heilung zu verdienen. Seine Gaben fließen aus seinem gnadenvollen Wesen, und wer mit Gott handelt, will die

Dinge selbst in die Hand nehmen, und das widerspricht dem Wesen Gottes.

Sicher sollen wir Gott um Heilung bitten. Aber wenn wir im Glauben darum beten, müssen wir auch akzeptieren, daß die letzte Entscheidung bei Gott liegt.

Der Apostel Paulus hat das durchgemacht. Er litt an einem „Pfahl im Fleisch“ (2 Kor 12,7) und bat Gott dreimal, ihm dieses Leiden zu nehmen, und bekam vom Herrn dann die Antwort: „Laß dir an meiner Gnade genügen; denn meine Kraft ist in den Schwachen mächtig“ (Vers 9). Und so lernte es Paulus, sich in der Schwachheit auf das Geschenk der Kraft Gottes zu verlassen!

Immer wenn ich einen Kranken besuche, der mit Gott verhandelt, erinnere ich ihn daran, daß Gott alles in der Hand hat. Vielleicht weise ich auf Jakobus 1,17 hin: „Alle gute Gabe und alle vollkommene Gabe kommt von oben herab, von dem Vater des Lichts, bei welchem ist keine Veränderung.“ Dann bete ich, daß der Kranke zur Ruhe kommt, weil ich weiß, daß Gott entscheidet, ob er das Geschenk der Heilung gibt oder das Geschenk, den Kampf zu bestehen.

Die dritte Einstellung ist *Ärger.* Das ist wohl die schwierigste Phase. So wie andere Gefühle kommt der Ärger über uns, ohne daß wir es wollen. Aber wir müssen und können selbst entscheiden, was wir mit dem Ärger machen. So wie wir die Sonne nicht über unserem Zorn untergehen lassen sollen (Eph 4,26), brauchen wir sie auch über dem Ärger nicht untergehen lassen.

Wenn Sie fühlen, daß Ärger unter der Oberfläche brodelt, dann helfen Sie dem Kranken, daß er diesem Ärger Ausdruck verleihen kann. Wenn Sie unaufdringlich zu erkennen geben, daß Sie wissen, daß dieser Ärger da ist, dann gibt das dem Kranken die Möglichkeit, ihn herauszulassen. Die Besucher, die mir ermöglichten, meinen Ärger auszusprechen, gaben mir damit nicht nur ein Überdruckventil, sie halfen mir auch zu verhindern, daß der Ärger sich festsetzte. Denn solch festsitzender Ärger ist eine schlimme Krankheit, die an unseren inneren Kräften zehrt.

Weil Gott alles in der Hand hat, ist aller Ärger letztlich gegen ihn gerichtet. Wenn der Kranke so unbewußt oder bewußt mit Gott kämpft, dann versuchen Sie, ihm verstehen zu helfen, daß Gott nicht unser Gegner ist. Gott steht auf unserer Seite. Wenn alle irdische Hilfe versagt, ist *Er* da.

Einer der Psalmdichter drückt das wundervoll aus: „Ich hebe meine Augen auf zu den Bergen. Woher kommt mir Hilfe? Meine Hilfe kommt vom Herrn, der Himmel und Erde gemacht hat" (Ps 121,1.2). Es ist wirklich nicht nötig, gegen den zu kämpfen, der „unsere Zuversicht und Stärke ist, eine Hilfe in den großen Nöten, die uns getroffen haben" (Ps 46,2).

Die vierte Phase des inneren Reifungsprozesses ist die der *Depression.* Aus Erfahrung weiß ich, wie schwer man da etwas tun kann. Vielen Kranken geht es so, wie es mir ging: ich wurde still und lustlos und behielt meine Gedanken für mich. Im Krankenhaus saß ich ruhig in einer Ecke des Zimmers und sprach kein Wort mit den anderen Patienten. Es ging mir viel zu schlecht, als daß ich jemanden hätte an meinen Empfindungen teilhaben lassen, aber jede Nacht, wenn das Licht gelöscht wurde, durchnäßte ich die Kissen mit meinen Tränen. Und selbst als ich aus dem Krankenhaus entlassen war, ging die Depression nicht weg. Ich saß in einem Sessel auf der Terrasse und starrte ins Leere.

Es gibt so viele Gründe für eine Depression. Was würden Sie empfinden, wenn Sie heute erführen, daß Sie es nicht mehr erleben werden, wie Ihr ältestes Kind Abitur macht? Oder daß Sie die Ziele Ihres Lebens nie erreichen werden? Wie würden Sie sich fühlen, wenn Sie Ihre Schmerzen und Ihr Leid in den Augen Ihrer Lieben sich widerspiegeln sehen? Oder wenn Monate und Jahre vergehen und Sie nur beim Arzt sitzen, im Krankenhaus liegen oder allein zu Hause sind?

Wenn der Kranke über Wochen und Monate in der Depression steckt und sich keine Besserung zeigt, dann bringen Sie die Familie des Kranken dazu, die Hilfe eines Fachmannes anzunehmen. Und sorgen Sie gegebenenfalls dafür, daß der Arzt und der Pastor des Kranken von der Depression erfahren.

Das bedeutet nicht, daß Ihre Hilfe und Ermutigung wertlos sind. Nein, Sie sind oft da, wenn Arzt und Pastor anderweitig zu tun haben. Wenn der Kranke einverstanden ist, lesen Sie ihm kurze Schriftabschnitte vor. Es kann gut sein, daß auch in dieser Phase Psalmworte das Empfinden des Kranken erreichen.

„Der Herr ist mein Hirte“ singt David im 23. Psalm.

Was für ein tröstliches Bild für Gott! Aber nicht nur das.

„Er erquicket meine Seele . . . Und ob ich schon wanderte im finstern Tal, fürchte ich kein Unglück; denn du bist bei mir" (Ps 23,3.4). In seiner furchtbaren Niedergeschlagenheit braucht der Kranke den zurückhaltenden Hinweis, daß Gott noch da ist, obwohl die Freude erkaltet und jedes Gefühl seiner Gegenwart erstorben sein mag.

Psalm 139 sagt uns, daß Gott alles über uns weiß. Weil er unser Innerstes schuf (Vers 13), weiß er, was wir fühlen und denken. Es gibt keinen Ort, wo Gott nicht ist. Ob wir im Himmel oder in der Unterwelt sind, ob wir den Sonnenschein genießen oder von Dunkelheit umgeben sind, Gott ist da. Immer geht er mit uns.

Römer 8 ist wie ein Echo dieses Psalms. Der Apostel Paulus, der selbst viel zu leiden hatte, fragt: „Wer will uns scheiden von der Liebe Gottes? Trübsal oder Angst oder Verfolgung oder Hunger oder Entbehrung oder Gefahr oder Schwert?" (Röm 8,35). Mit großer Festigkeit antwortet er darauf: „Ich bin gewiß, daß weder Tod noch Leben, weder Engel noch Mächte, noch Gewalten, weder Gegenwärtiges noch Zukünftiges, weder Hohes noch Tiefes, noch keine andere Kreatur kann uns scheiden von der Liebe Gottes, die in Christus Jesus ist, unserm Herrn" (Vers 38.39).

Selbst die festgefügteste Mauer der Depression kann Gott nicht hindern, einen Menschen zu lieben. Für den Kranken ist es wichtig zu wissen, daß Gott und Menschen ihn sehr lieb haben, selbst wenn er in sich selbst nichts als Erstarrung fühlt.

Nicht alle Phasen sind negativ. Früher oder später wird der Kranke die Stufe fünf erreichen und seine Krankheit *annehmen*. Das heißt nicht, daß er glücklich über sie sein wird. Aber die Krankheit anzunehmen bringt Entspannung, vielleicht sogar Frieden.

Die Krankheit anzunehmen bedeutet nicht, den Kampf gegen die Krankheit aufzugeben und sich auf den baldigen Tod einzustellen, bedeutet auch nicht Selbstaufgabe und Resignation. Das wäre wie die Prophezeiung eines Wahrsagers, die der selbst erfüllt, der daran glaubt. Nein, wenn ich meine Krankheit annehme, dann bin ich bereit, mich mit dem Heute auseinanderzusetzen. Ich werde mich nicht ums Morgen sorgen und alle Kraft verwenden, um den heutigen Tag körperlich und geistlich zu bestehen.

Wenn ein Kranker diesen Punkt erreicht hat, ist es gut, ihn zu ermuntern, die „geistliche Waffenrüstung" (Eph 6,10-18) anzulegen und *gemeinsam* mit Gott den Kampf des Glaubens zu kämpfen, damit er „an dem bösen Tage Widerstand tun und alles wohl ausrichten und das Feld behalten" kann (Eph 6,13).

Der Friede, den die Annahme der Krankheit bringt, wird immer wieder durch feindliche Kräfte in Frage gestellt. Der Kampf wogt immer wieder auf und ab. Treten Sie als Verstärkung auf der Seite des Kranken in den Kampf ein, selbst wenn er oder sie immer wieder durch die gleichen Kämpfe hindurch muß. An einem Tag mögen Sie beim Besuch einem entspann-

Das Gebet des Glaubens

„Ihre Besucher sind da", sagte die Schwester vom Flur her, und man merkte die Ungeduld in ihrer Stimme. Sie zog sich auf den Flur zurück und sah mißbilligend zu, wie die Besucher mein Zimmer betraten.

„Hallo, Betsy." Sie kamen an mein Bett, grüßten mit einer leisen Berührung oder mit einem Lächeln. Erwartungsvolle Blicke gingen hin und her, jetzt wo alle „Verschwörer" zusammen waren.

Es hatte erst eine spezielle Erlaubnis erteilt werden müssen, daß mich fünf Personen zur gleichen Zeit besuchen durften. Es waren schon allerhand Nachbarn und Gemeindeglieder zu Besuch gekommen, und ich hatte gerade die schwere Operation hinter mir und die kraftraubende Chemotherapie vor mir. Kein Wunder, daß die Schwestern so viele Besucher auf einmal gar nicht gerne sahen.

Allerdings waren das keine gewöhnlichen Besucher. Die fünf waren zu mir gekommen, um für meine Heilung vom Krebs zu beten.

Noch vor ein paar Monaten wäre ich so einer Gruppe skeptisch begegnet. Mehrere meiner Bekannten waren ernsthaft krank geworden und hatten begonnen, um völlige Heilung zu beten. Aber ich konnte nur um Erleichterung ihrer Schmerzen beten, für Kraft zum Aushalten und für die Fähigkeit, mit ihrer Situation fertig zu werden. Weiter wagte ich nicht zu gehen, ich meinte, sie wären zu krank. Selbst Gebet würde da nichts ändern können.

Aber nun war *ich* ans Krankenbett gefesselt. Meine Lage war der meiner Freunde, für die ich die Hoffnung aufgegeben hatte, unangenehm ähnlich. Und jetzt fragte ich auch Gott: *Wie soll ich reagieren? Wirst du mich gesund machen?*

Ich wußte, daß das Neue Testament lehrt, daß Christen im Glauben für die Kranken handeln sollen: „Ist jemand unter euch krank, der rufe zu sich die Ältesten der Gemeinde, daß sie über ihm beten und ihn salben mit Öl in dem Namen des Herrn" (Jak 5,14).

Schon bevor ich operiert worden war, hatten mich die Ältesten unserer Gemeinde gefragt, ob sie mich mit Öl salben, mir die Hände auflegen und für mich beten sollten. Ich sagte ja; es würde bestimmt nichts schaden. Außerdem berichteten ja die Evangelien, wie oft Jesus wunderbar geheilt hatte.

Aber jetzt, im zwanzigsten Jahrhundert, körperliche Heilung? Ich hatte wenig Hoffnung.

Dann wurde ich operiert. Die Diagnose: bösartig. Plötzlich wurde in mir der intensive Wunsch nach Heilung wach.

Jetzt hatten sich die fünf um mein Bett versammelt, um für mich zu beten. Jeder von ihnen, das wußte ich, hatte selbst eine Heilung erlebt oder in nächster Nähe beobachtet. Doch als sie mir das einst erzählten, hatte ich gar nicht richtig zugehört.

Aber jetzt achtete ich auf jedes ihrer Worte. Ihre

Augen und Stimmen strahlten lebendigen Glauben aus. Einer der Männer nahm eine kleine Flasche mit Öl und salbte sanft meine Stirn. Ein ganz klein wenig Öl lief in meine Augenbrauen, und die fünf begannen zu beten.

„Herr“, so betete der erste, leise aber eindringlich, „durchdringe jede Zelle von Betsys Körper mit deinem Licht und deiner Kraft. Löse diesen inoperablen Tumor auf.“

Der nächste betete in eine andere Richtung; er betete um meine „Befreiung“: „Ich sehe einen bösen Geist der Zerstörung und des Todes am Werk. Jage ihn weg, Herr.“

Jetzt war ich *wirklich* aufmerksam und hörte zu.

Ein anderer betete: „Satans Angriff auf Betsy muß gestoppt werden, Herr!“

Am nächsten Morgen wachte ich mit einem neuen Gefühl des Wohlbefindens auf. Mein ganzer Körper schien voll von Energie. Selbst einer der Ärzte bemerkte eine Veränderung.

„Ich weiß nicht, warum, aber ich habe das Gefühl, Sie werden gesund werden“, meinte er und hätte selbst gern gewußt, warum.

Nach einiger Zeit wurde ich aus dem Krankenhaus entlassen, allerdings wurde die Chemotherapie weitergeführt. Das stand für mich nie im Widerspruch zu meinem Glauben. Gott hat uns mit wachsender medizinischer Kenntnis gesegnet. Ärzte können Medikamente verabreichen und Behandlungen durchführen, aber was sie bewirken, liegt in Gottes Hand. Und er kann ohne ärztliche Behandlung heilen und tut es manchmal auch.

Als meine Chemotherapie begann, erlebte ich auch eine ganz andere Therapie, die Therapie des Gebets.

In der ersten Krise meiner Krankheit tat es mir unendlich gut zu wissen, daß meine Gemeinde Gebetswache für mich hielt. Ich hatte lange schlaflose Nächte durchzustehen, und meiner Familie ging es genauso. Dazu die schmerzhaften und aufreibenden Untersuchungen, und dann das stunden- oder gar tagelange Warten auf die Ergebnisse. Und dann noch Zweifel, Furcht und all die Gedanken und Gefühle, die ich schon beschrieben habe. Wie gut hat es mir da getan, daß ich wußte, daß jede Stunde des Tages und der Nacht einer für mich betet.

Es ist nicht schwer, so eine Gebetswache zu organisieren. Am besten begrenzen Sie und Ihre Mitbeter die Zeit und widmen vielleicht 24 Stunden, eine ganze Woche oder wöchentlich einen Tag der Fürbitte. Dann wählt jeder, der mitbeten möchte, eine bestimmte Zeit – vielleicht fünfzehn, dreißig oder sechzig Minuten –, die er für den Kranken betet.

Eine andere Form ist der Gebetsring. Er arbeitet wie ein lebendiges Nervensystem und setzt bei vielen Christen Gebetsenergien frei. Auch diese Form ist einfach.

Wenn irgendwo Not ist, rufen Sie einen anderen an, der bereit ist, zu beten und zu tragen. Der ruft dann wieder jemanden an usw. Jeder sollte eine Telefonnummernliste aller Mitglieder des Gebetsrings haben, falls der, den er üblicherweise anruft, einmal nicht zu erreichen ist. Rufen Sie dann einfach den nächsten an. Nur sorgen Sie bitte dafür, daß jeder, der auf dieser Liste steht, auch bereit ist, sich zu unüblichen Tageszeiten anrufen zu lassen.

Als unsere Freunde und Bekannten in anderen Staaten der USA und in Europa von meiner Krankheit hörten, bildeten einige von ihnen Gebetsgruppen, um in Fürbitte für mich einzutreten. Diese Beter taten sich dann oft mit anderen zusammen, die ich nicht einmal kannte. Ich konnte es nicht fassen, daß meine Freunde – und sogar völlig Fremde – so viel Liebe und Zeit für mich hatten. Ich habe oft geweint, wenn ich an diese Liebe dachte, von der ich vorher wenig geahnt hatte. Diese Liebe hat mich getröstet und mir aufgeholfen.

Aber es hat nicht nur mir wohlgetan, auch bei diesen Betern geschahen wundervolle Dinge.

Durch meine Krankheit kamen wir alle Gott näher, und unser Glaube betrat neues Land.

Wochen und Monate vergingen. Den Sommer über, den ganzen Herbst und den frühen Winter ging die Chemotherapie weiter – und die Gebetstherapie genauso. Die Chemotherapie machte mich oft müde und bereitete mir Übelkeit. Aber zum Erstaunen aller vertrug ich sie besser als die meisten Patienten. Die Zahl der weißen Blutkörperchen sank nicht. Das schützte mich gegen andere Krankheiten. Ich sah das als deutliches Zeichen von Gottes Gegenwart und Schutz.

Um Weihnachten sah es so aus, als ob das Wunder, für das alle beteten, geschehen würde. Die Schwellung in meinem Unterleib war verschwunden. Der

Bauch war wieder weich und elastisch. Im Juni, als ich schon einige Monate völlig symptomfrei war, schlug Dr. Mozden eine neue Operation vor – um nachzusehen, wieweit ich geheilt war. Ich stimmte zu.

Die Operation zeigte dann, daß ich nicht krebsfrei war. An fünf Stellen wurden bösartige Zellen gefunden. Sie waren so klein, daß sie auf einem Stecknadelkopf Platz finden konnten – trotzdem waren sie wie Pulverfässer, die mir ein weiteres Jahr Chemotherapie verschaffen konnten.

Warum bewies er seine Fähigkeit und seine Bereitschaft zum Heilen bei Freunden und Bekannten und ließ den Krebs in *meinem* Körper? Warum hatte er meinen Glauben und meine Erwartung wachsen lassen? Monty stellte die gleiche Frage, und genauso meine Freunde überall, die für mich beteten.

Später habe ich dann die Frage anders gestellt: Was hat *Gott* mit mir vor?

Ich las alle Bücher über Glaubensheilung, die ich bekommen konnte. Ihre Autoren hatten sehr unterschiedliche Ansichten.

In diesem Stadium meiner Krankheit ließen mich Berichte, die Menschen geschrieben hatten, die geheilt worden waren, völlig kalt. Genauso kalt ließen mich die Bücher, in denen alles so klar und deutlich war: Du mußt die Geistestaufe empfangen und die Gabe des Zungenredens, und dann wird die Heilung kommen. Ich wußte, daß das nicht wahr war, denn manchmal wurden Leute mit fast gar keinem Glauben durch ein Wunder geheilt und manchmal die eifrigsten Christen.

Diese Bücher begrenzten Gott, denn sie schrieben vor, was er in jedem Fall tun *mußte* und ließen ihm keine Wahl.

Aber ich fand auch Bücher, die nicht die Devise „Gott wird dies tun, wenn du das tust“ proklamierten. Wenn Gott Ihr Gebet um Heilung nicht erhört oder wenn seine Antwort lange auf sich warten läßt, dann sind einige dieser Bücher sehr hilfreich.

Ich kann voll und ganz dem zustimmen, was Edith Schaeffer in ihrem Buch „Affliction“ schreibt:

Die Frage: „Warum betest du nicht?“ ist für den, der schon viele schlaflose Stunden im Gebet verbringt, eine Beleidigung.

„Wenn du nur genug Glauben hättest, würde alles anders werden“ ist ein Urteil, das nur Gott fällen kann. Niemand kann beurteilen, wie stark der Glaube eines Menschen ist, dessen Gebete nicht erhört zu werden scheinen.

Ich lernte, einfach Gott darum zu bitten, das zu tun, was er für mich tun wollte. Ohne Einschränkungen und ohne genaue Festlegung.

Die Enttäuschung, die manche meiner Freunde zeigten, hatte ich noch zusätzlich zu meiner eigenen Enttäuschung zu tragen. Als Monty bekanntgab, daß die Nachricht von meiner Heilung nicht stimmte, warfen ihm einige vor, er wäre „einfach negativ“.

Plötzlich fühlte ich, daß ihre Energie verbraucht war; sie waren einfach müde – müde zu beten, müde, auf Gottes Handeln zu warten, und auch müde, meine Hand zu halten. Schreckliche Wogen der Einsamkeit schlugen über mir zusammen.

Jetzt kamen auch weniger Leute, die mir durch ihr Zuhören halfen. Es war, als ob die meisten unserer Freunde kaum mit ihrer eigenen Enttäuschung fertig werden konnten und deswegen von der meinen nichts hören wollten.

Aber doch waren einige bereit, den Weg des tieferen Glaubens mit mir zu gehen. Ein Mann war mir eine große Ermutigung, weil er so echt war und weil ich spürte, daß er bereit war, es mit mir durchzustehen. Immer wieder las ich die Zeilen, die er mir geschrieben hatte:

> „Noch nie in meinem Leben habe ich mit der Möglichkeit rechnen müssen, einen Menschen zu verlieren, der mir so nahe steht. Ich weiß, wie schwer Du es hast, und für mich ist es auch eine schwere Prüfung meines Glaubens. Glauben bedeutet für mich *nicht,* daß ich so etwas zu verstehen suche. Glaube bedeutet zu wissen, daß Gottes Liebe über allem steht. Ich danke ihm für dies Vertrauen, und ich bete, daß dieses Vertrauen durch diese schwere Zeit wachsen möge."

Durch diese wenigen tiefen Freundschaften begann ich, eine neue Ebene des Gebets zu lernen.

Jedes gläubige Gebet hat Kraft, gleich, ob eine Gemeinde oder eine Gruppe von Gläubigen betet oder ein einzelner in seinem Zimmer. Es ist wichtig, *für* jemanden zu beten, aber wenn Sie *mit* ihm beten, kann es sein, daß Ihre Freundschaft und Ihr Glaube neue

Tiefen gewinnt. Ich will dafür keine Formel anbieten, aber weil ich gemerkt habe, daß viele Christen mit dem Gebet zu zweit Schwierigkeiten haben, hier einige Vorschläge.

Wenn Sie in einem ruhigen Zimmer mit dem Kranken beten, nehmen Sie seine Hände in die Ihren. Wenn Sie das zart tun, geschieht etwas Ungewöhnliches. Noch bevor das erste Wort gesprochen ist, werden Wärme, Kraft, Sicherheit, Zuneigung und Glauben übertragen. Die Berührung zerbricht die Isolation und die Einsamkeit, die den Kranken belasten, und sie tut das besser als Worte vermögen. Und schauen Sie dem Kranken in die Augen.

Die meisten von uns sind gelehrt worden, mit gesenktem Kopf und geschlossenen Augen zu beten, aber das ist menschliche Sitte, nicht göttliches Gebot. Es mag schwerfallen, anders zu beten, aber wenn Sie dem anderen beim Gebet in die Augen schauen, bringt das eine erstaunliche geistliche Nähe.

Aber das Wichtigste: Beten Sie einfach und konkret. Wohlformulierte „pastorale" Gebete klingen erhaben, gehen aber an den persönlichen Bedürfnissen des Kranken vorbei. Sie sind für mich wie billige Konserven. Hat der Kranke Schmerzen? Oder macht er oder sie sich Sorgen um Familie, Beruf oder Geld? Sprechen Sie mit Gott ganz konkret über die Probleme, die der hat, den Sie besuchen. Wenn Sie es wagen, in Ihrem Gebet offen und ehrlich zu sein, kann es sein, daß Sie zu Ihrem Erstaunen erleben, daß der Heilige Geist dem Kranken durch Ihre Worte schon etwas von der Last abnimmt.

Freunde, die einen Kranken in einer langen und tiefgehenden Prüfung seines Glaubens begleiten können, scheinen selten zu sein. Es hat ja auch nicht jeder das gleiche Maß des Glaubens. Haben Sie kein schlechtes Gewissen, es gibt ja auch andere Wege, um einem Kranken und seiner Familie zu helfen.

Eine andere Art der Liebe bewiesen mir die, die praktisch halfen und so mir und meiner Familie beistanden, mit den Pflichten des täglichen Lebens fertig zu werden.

Wenn Sie kein „Gebetskämpfer" sind, so können Sie doch einem Kranken das Geschenk der praktischen Hilfe machen.

Helfende Hände

An dem Abend, als ich mit Blaulicht ins Krankenhaus gebracht wurde, hatte meine Familie nicht nur mit meiner schweren Krankheit fertig zu werden.

Obwohl ich furchtbare Schmerzen hatte, erinnere ich mich noch, daß ich mir Sorge um Monty, um die Mädchen und um unseren Haushalt machte. Ich hatte einige Mahlzeiten vorbereitet und eingefroren, aber es gab ja noch jede Menge praktischer Dinge, für die wir keine Lösung „eingefroren" hatten. Unsere besten Freunde, auf deren Hilfe wir jederzeit rechnen konnten, waren Tausende von Kilometern weit weg in Kalifornien. Als ich im Krankenhaus ankam, vergingen meine Sorgen vorübergehend durch die Sedativa*, die der Arzt mir gab.

Als ich dann nach der Operation erwachte, war ich überaus dankbar, daß meine Familie hier in der „Fremde" sofort so viel praktische Hilfe erfahren hatte.

Ein Mann aus unserer Gemeinde blieb während der langen Operation bei Monty im Wartezimmer des Hospitals. Sie sprachen manchmal ein paar leise Sätze, aber meist saßen sie einfach still, oder sie gingen miteinander in Erwartung der Nachrichten aus dem Operationsraum auf dem Flur auf und ab.

* Beruhigungsmittel

Da diese Nachrichten nicht gut waren, war ich hinterher sehr dankbar, daß Monty nicht hatte allein sein müssen.

Dennis Doerr, Montys Kollege, verbrachte den ganzen Nachmittag des Operationstages bei uns zu Hause mit Suzanne und Marybeth. Er bereitete das Essen zu, spielte mit ihnen und half, daß sie sich nicht zuviel mit meiner Operation beschäftigen mußten.

Für mich war es äußerst wichtig zu wissen, daß meine Familie versorgt war. Ich hatte schlimme Schmerzen, und meine Diagnose war noch schlimmer. Aber ich brauchte mir wenigstens nicht auch noch um die Versorgung der Familie und des Haushalts Gedanken zu machen.

Unsere Verwandten und unsere alten Freunde halfen uns auf andere Weise, und davon will ich im nächsten Kapitel berichten. Aber unsere neuen Freunde zeigten uns, wie man jemandem hilft, der schwer krank ist.

Kann ich irgendwie helfen? Wie oft wurde Monty und mir diese willkommene Frage gestellt. Monty neigt dazu, die Menschen beim Wort zu nehmen, und in der ersten Zeit antwortete er oft: „Nun ja, unser Haus müßte mal wieder geputzt werden“ oder: „Bügle doch bitte meine Hemden.“

Wenn er so antwortete, stotterte der Frager oft ein wenig und ließ Monty dann wissen, daß Hemden bügeln gerade nicht das war, woran er gedacht hatte. Ich vermute, solche Leute hatten in Wirklichkeit von Monty eine ganz andere Antwort erwartet, nämlich:

„Vielen Dank, wir kommen schon durch." Irgendwie erwartet man von uns in unserer Kultur, daß wir, wenn wir am dringendsten Hilfe brauchen, solche höflichen, aber unwahren Antworten geben.

Nicht jeder reagiert so offen wie Monty. Und auch nicht jeder weiß, was ihn erwartet, wenn er einem Menschen in Not seine Hilfe anbietet. Deswegen ist es gut, einige Grundregeln zu kennen.

Wenn Sie einem Menschen pauschal das Angebot machen: „Ruf mich jederzeit an, wenn du etwas brauchst", dann überlegen Sie sich das gut. Wenn Sie es wirklich so meinen, sehr gut. Aber Sie müssen realistisch sein und ehrlich sich selbst und dem Kranken gegenüber. Schreiben Sie auf, was Sie tun können und wann Sie Zeit haben. Und werden Sie sich auch klar, ob Sie bereit sind, persönliche Dinge zurückzustellen, wenn Sie der Kranke um etwas bittet.

Darüber hinaus seien Sie so beweglich wie möglich. Eine Nachbarin kam, als ich aus dem Krankenhaus entlassen war. Sie wollte ein Essen kochen. Aber ich war ja etwas zu Kräften gekommen und wollte meine Küche wieder kennenlernen. Wenn ich ein wenig am Herd stehen konnte, fühlte ich mich menschlicher und weniger hilflos.

„Vielen Dank", antwortete ich und rührte die dampfende Suppe um, „aber für heute komme ich gut klar." Ich schlug ihr vor, doch an einem anderen Tag für uns zu kochen.

Aber sie war festgelegt. „Nein, bitte, lassen Sie mich helfen. Ich weiß schon, was es heute zu essen geben wird." Sie war völlig frustriert. „Die Leute wollen Ihnen helfen. Sie müssen sich helfen lassen, egal ob Sie es brauchen oder nicht.“

Eine andere Frau kam auch und bot eine Mahlzeit an. Ich dankte ihr, sagte aber, daß wir gerade keine Hilfe nötig hätten.

Sie zögerte einen Augenblick, und dann schlug sie einige andere Möglichkeiten vor, uns zu helfen. Einer der Vorschläge traf genau ins Schwarze: „Wenn Sie oder die Kinder irgendwo hinmüssen, kann ich ja fahren.“

Genau das brauchte ich! Suzanne mußte zu ihrem wöchentlichen Gitarrenunterricht gefahren werden, und ich konnte ja nicht Auto fahren.

Bald fand ich heraus, daß die Mutter dieser Frau vor dreißig Jahren gegen den Krebs zu kämpfen hatte. Sie konnte sich deswegen einfühlen in all die vielen Dinge, die eine Familie in so einer Situation braucht.

Einfühlungsvermögen ist eine andere Grundregel, und zwar eine sehr wichtige!

Die ersten drei Wochen nach meiner Entlassung aus dem Krankenhaus war immer jemand im Haus zur Hilfe gewesen. Zusammen mit den drei Wochen, die ich im Krankenhaus gelegen hatte, waren sechs Wochen vergangen, in denen unsere Familie nie eine Mahlzeit oder einen Abend allein war.

Als es gerade so aussah, als ob wir einmal Zeit für uns allein haben würden, riefen Freunde an, daß sie kommen und Suzanne und Marybeth für den Nachmittag und Abend mitnehmen würden. Das war gut gemeint, sie wollten Monty und mir einmal ein paar ruhige Stunden gönnen. Und zu anderer Zeit wäre ich begeistert gewesen. Aber an diesem Tag hatte unsere Familie etwas anderes nötig.

Ich wollte einmal wieder Zeit für meine Mädchen haben. Und auch sie wollten endlich einmal wieder die Mutter für sich haben. Sie hatten den Tag sogar auf dem Kalender rot angestrichen, weil sie hofften, dann ein richtiges „Familienessen" zu haben. Wir wollten einmal wieder richtig Mutter und Töchter sein, und ich sehnte mich so sehr danach, daß sie bei mir am Bett sitzen und mir all die vielen Dinge aus ihrem Leben erzählen würden, die mir entgangen waren.

Aber wie höflich oder bestimmt ich auch ablehnte, die Leute gaben nicht nach. Alles war schon geplant, nein war keine Antwort für sie.

Zum Glück gelang es mir, meine Gefühle und Worte unter Kontrolle zu halten. Warum entschieden andere für mich? Wie konnten sie wissen, was das Beste für meine Familie war? Warum konnten sie weder verstehen, was wir als Familie nötig hatten, noch was ich als Mutter brauchte?

Aber die meisten, die uns helfen wollten, waren einfühlsam. Sie boten Hilfe an, waren auch für Gegenvorschläge offen, und was sie übernahmen, zogen sie liebevoll durch. Sie halfen uns in drei wichtigen Bereichen.

Einer dieser wichtigen Bereiche war die Pflege von Haus und Grundstück. Wenn ein Familienmitglied ernsthaft krank ist, haben die anderen wenig Kräfte frei, um alles in Ordnung zu halten.

Einige Männer aus unserer Gemeinde erklärten sich

sofort bereit, unser Grundstück in Ordnung zu halten. Sie mähten den Rasen, schnitten die Sträucher und harkten Laub. Selbst an den heißesten Sommertagen taten sie die Arbeit auf dem Gelände, und Monty hatte so Zeit gewonnen für die Mädchen und für mich.

Man half uns aber auch bei der Arbeit im Haus. Wenn Sie zum Beispiel einmal die Woche helfen wollen, gibt es genug zu tun: Staubsaugen, Fensterputzen, Keller oder Garage aufräumen, hinter den Schränken putzen – all das sind Arbeiten, die ein Kranker nicht tun kann, für die er aber auch nicht so ohne weiteres um Hilfe bittet.

Einige andere hatten bemerkt, daß wir gerade dabei waren, unser Haus zu renovieren, als ich krank wurde. Ich hatte einige wichtige Arbeiten begonnen, und nun mußten sie liegenbleiben. Das war nicht mein größtes Problem, aber unerledigte Dinge sitzen einem immer irgendwie im Nacken.

Diese Leute kamen zu mir ins Hospital und fragten mich, ob sie die angefangenen Arbeiten zu Ende führen sollten? Ob ich schon die Farben und die Stoffe ausgesucht hätte? Sollten sie alles fertigmachen oder mir auch noch was zu tun übriglassen? – Ihre Fragen waren klug, sie hatten auch Verständnis, daß ein Kranker vielleicht gar nicht alles fertig haben mag, wenn er nach Hause kommt. Sie wußten, daß es immer noch mein Haus war, und sie verhielten sich auch so.

Manchmal macht auch die Krankheit verschiedene Reisen nötig. Vielleicht muß der Kranke zu einem Spezialisten oder in eine auswärtige Klinik. Da mag es sehr nützlich sein, wenn Sie nach dem Haus oder

der Wohnung sehen und dafür sorgen, daß der Briefkasten geleert und auch sonst alles in Ordnung gehalten wird.

Noch mehr wäre zu nennen: Die Wäsche muß gewaschen und das Geschirr muß gespült werden und noch vieles andere, was ich hier nicht aufzuzählen brauche. Solche Tätigkeiten grenzen schon an den höchsten Bereich, wo Sie helfen können, und das ist der Bereich der Familie.

Allerdings müssen Sie immer im Auge behalten, daß dann, wenn eines krank wird, die anderen Familienmitglieder auch erleben müssen, daß sie nützlich sind. Suzanne und Marybeth hatten in unserem Haushalt gewisse Pflichten. Während ich so schwer krank war, taten sie diese Pflichten – und noch einige zusätzliche – wie immer, und sie wußten, daß sie gebraucht wurden. Und ich war beglückt zu sehen, wie das meine Töchter reifen ließ.

Aber trotz dieser Mahnung zur Vorsicht: es gibt so unendlich vieles, wodurch Sie helfen können. Eine Frau übernahm es, in der Zeit, als ich im Krankenhaus lag, und auch in der ersten Zeit danach für die Mahlzeiten zu sorgen. Es ist sehr praktisch, wenn *eine* Person alle Mahlzeiten organisiert.

Mahlzeiten müssen auch zur richtigen Zeit da sein. An einem Tag ist vielleicht niemand zu Hause, an einem anderen Tag kommt Besuch, und es muß mehr Essen gebracht werden. Am Montag mag 12 Uhr fürs Mittagessen recht sein, aber am Dienstag darf es vielleicht erst um 14 Uhr fertig sein.

Wenn *einer* alle Mahlzeiten organisiert, dann kann

er auch dafür sorgen, daß das Essen vielfältig ist. Oder essen Sie gerne sechs Tage hintereinander Hähnchen?

Noch ein letzter Tip dazu: Feines Porzellan ist schön und wirkt liebevoll, aber ich war immer froh, wenn uns das Essen in einer Verpackung gebracht wurde, die wir anschließend wegwerfen konnten.

Wenn der oder die Kranke gezwungen ist, die Kinder oft allein zu lassen, ist Ihre Hilfe sehr willkommen. Während ich im Krankenhaus lag, kam ein älteres Ehepaar jeden Tag ins Haus. Wie dankbar war ich, daß die Mädchen von der Schule nicht in ein leeres Haus kommen mußten.

Es ist sicher auch gut, wenn Sie die Kinder mal in den Zoo mitnehmen oder zum Baden oder zu einem Ausflug. Auch Ihren eigenen Kindern wird das gut tun, denn sie lernen, wie gut es ist, andere liebzuhaben und ihre Lasten zu teilen. Und wenn die Eltern wegen irgendwelcher Behandlungen verreisen müssen, können Sie auch eins der Kinder mal eine Zeitlang in Ihren Haushalt aufnehmen.

Ein anderer Bereich der Hilfe sind die vielfältigen persönlichen Bedürfnisse.

Es tut einem Kranken einfach gut zu wissen, daß jemand da ist, der hilft, zuhört, der einen Besuch macht. Und wenn Sie einen Kranken besuchen, berührt es sogar das Herz Gottes, denn er identifiziert sich mit den Leidenden. Jesus sagte: „Ich bin krank gewesen, und ihr habt mich besucht . . . Wahrlich, ich sage euch: Was ihr einem von diesen meinen geringsten Brüdern getan habt, das habt ihr mir getan“ (Mt 25,36.40).

Auch wenn Sie einen Kranken besuchen, beachten Sie bitte einige Grundregeln.

Wenn Sie mit einem Kranken etwas vorhaben, vereinbaren Sie es früh genug. Aber rufen Sie trotzdem kurz vorher noch einmal an, ob alles so bleiben kann. Vielleicht geht es dem Kranken nicht gut genug. Ich war oft so müde oder von der Therapie so angegriffen, daß ich nicht durchführen konnte, was ich mir mit jemandem vorgenommen hatte. Manchmal hatte ich auch unerwartet Zeit mit meiner Familie, und da wollte ich gerade keine Besucher haben. Ich war immer froh, wenn mich Freunde vorher anriefen, wenn sie zu mir kommen wollten, und wenn sie dann nicht böse waren, wenn es gerade nicht die richtige Gelegenheit war.

Wenn Sie zu einem Kranken fahren, ist es gut, wenn Sie eine Vorstellung haben, wie Sie die gemeinsame Zeit verbringen wollen. Aber maßgebend sind nicht Ihre Wünsche, sondern die Bedürfnisse des Kranken.

Je nachdem, wie es dem Kranken geht, können Sie ihm in verschiedenen Dingen Hilfe anbieten.

Vielleicht geht es dem Kranken nach einer langen Krankheit schon etwas besser, und da kann es sein, daß der Kranke gerne wieder einmal einkaufen möchte. Oder vielleicht ginge er mit Ihnen auch gerne essen oder in ein Konzert. Ich weiß, es wird dem Kranken guttun, endlich mal wieder rauszukommen.

Sie können auch anbieten, für den Kranken Briefe zu beantworten oder sie zu schreiben, wenn er diktiert. Wenn der Kranke, den Sie besuchen, so glücklich dran ist wie ich, daß er viel Post bekommt, dann mag er solch eine Hilfe wohl brauchen. Die Briefe schienen nur so durch meine Zimmertür zu purzeln, und jeden Tag wurde der Postberg größer. Ich weiß, fast jeder, der mir schrieb, erwartete keine Antwort, aber ich wollte doch so gerne mitteilen, wie es mir ging und wofür sie beten sollten. Es ist sicher gut, wenn Sie Briefpapier und Postkarten gleich mitbringen.

Als ich krank war, habe ich es sehr genossen, wenn man mir vorlas. Meist war ich körperlich durchaus in der Lage, selbst zu lesen – aber es war so entspannend, jemandes Stimme zu hören. Und viele Kranke können ja selbst gar nicht lesen. In einem früheren Kapitel habe ich schon einige Bibelstellen genannt, die Kranke ermutigen können. Darüber hinaus finden Monty und ich einige Bücher sehr wertvoll.

Das Buch „Der Kampf um Narnia“ von C. S. Lewis*, der brillante Abschlußband seiner „Narnia“-Bücher, hat einen besonderen Platz in meinem Herzen. Monty liest oft Abschnitte aus diesem wunderbaren kleinen Buch Menschen vor, die dem Tod entgegengehen oder schwer krank sind. Es hat so viel Gutes bei mir bewirkt, daß es bestimmt für einen Kranken mehr als Zeitvertreib bedeutet, wenn Sie ihm daraus vorlesen.

Ich hatte die Geschichte schon einmal meinen Töchtern vorgelesen. Eines Tages bekam ich sie nun vorgelesen. Gegen Ende des Buches verändert sich vor den Augen der Hauptpersonen des Buches auf geheimnisvolle und wunderbare Weise die Land-

* C. S. Lewis, „Der Kampf um Narnia“, Ein phantastisches Abenteuer. Annette Betz Verlag, 1982.

schaft. Die Farben werden wirklicher, schöner, strahlender und lebendiger. Bäume, Felsen und Blumen werden „fester". Dann gehen sie weiter in das herrliche neue Land, „höher hinauf und tiefer hinein", in das wahre Narnia. Plötzlich merken sie, daß sie gestorben sind und ohne Bruch von einem Leben ins andere gelangten. Als ich diese faszinierenden Abschnitte vorgelesen bekam, war ich tief bewegt. Das Buch hat mir sehr geholfen, die Möglichkeit meines eigenen Todes anzunehmen.

Ich habe nur einige Vorschläge gemacht, wie Sie einem Kranken ganz praktisch helfen können. Sicher werden Sie Ihre eigenen Möglichkeiten entdecken. Das Wichtigste ist, daß Sie sich selbst schenken – denn das ist für den Kranken das Wertvollste.

Freunde weit weg

Nicht lange vor seinem Tode war Jesus mit seinen Jüngern beim Essen. Da näherte sich ihm schüchtern eine Frau. Die Jünger waren überrascht, als sie aus den Falten ihres Kleides eine kostbare Alabasterflasche holte – das Geschenk der Liebe für ihren Meister.

Ohne ein Wort zu sagen, zerbrach sie das kostbare Gefäß. Der exotische Geruch von kostbarer Narde – eine Salbe, mehr wert als der Arbeitslohn eines Jahres – floß auf Jesu Haupt.

Impulsiv? So dachten die Jünger, und sie schimpften über die Verschwendung. Extravagant? Natürlich. Aber die Liebe dieser Frau zu Jesus war ihr mehr wert als ihr wertvollster Besitz.

Mit der gleichen extravaganten Liebe haben mich unsere weit weg wohnenden Verwandten und Freunde überschüttet. Innerhalb der ersten 24 Stunden nach meiner Operation mit ihrem schockierenden Ergebnis waren drei Freunde schon von Kalifornien quer über den Kontinent gereist, um mir nach der Entlassung aus dem Krankenhaus zu helfen. Auch meine Schwester kam von weither, genauso Montys Eltern und seine Schwägerin.

Die Liebe, die sie uns zeigten, bedeutete für sie Opfer. Reisen ist kostspielig – was Geld und Zeit angeht. Unsere Freunde stellten ihre Familie, die Arbeit, die Gemeinde und ihre persönlichen Probleme zurück und gaben Hunderte von Dollars aus. Die

Extravaganz in der Großzügigkeit ihrer Hilfe stärkte mein Selbstwertgefühl enorm und gab mir Kraft, gegen den Tod zu kämpfen.

In unserer mobilen Gesellschaft kommt es oft vor, daß gute Freunde Tausende von Kilometern entfernt wohnen, denn Beruf, Studium oder Dienst bringen uns in eine enge Beziehung zueinander und führen uns dann in entgegengesetzte Ecken unseres Landes.

Wenn jemand, mit dem Sie sich eng verbunden fühlen, schwer krank ist, dann ist Entfernung kein Grund, ihm nicht beizustehen. Eine Reise an sein Krankenbett zu machen, ist nur *eine* Möglichkeit, Ihr Mittragen zu zeigen. Anrufe und Briefe sind ein anderer Weg, den Kranken wissen zu lassen, daß er wohl aus dem Auge ist, aber nicht aus dem Sinn.

Wenn Sie das Geld für die Reise haben und wenn Sie es beruflich und familiär ermöglichen können, einen entfernt wohnenden kranken Freund zu besuchen, sollten Sie sich zuvor einige Fragen beantworten und dann erst die Reise buchen.

Stellen Sie sich zuerst die Frage, ob jetzt die richtige Zeit für einen Besuch ist. Rufen Sie den Kranken oder seine Familie an. Einige Punkte können die Wahl des Besuchstermins beeinflussen.

Wenn der Kranke sich zum Beispiel so wie ich langen kräftezehrenden Behandlungen unterziehen muß, dann mag es sein, daß er vor Erschöpfung und Übelkeit nicht einmal seinen besten Freund oder seine liebsten Verwandten sehen mag. Wenn Sie da zur falschen Zeit unangemeldet auftauchen, dann kann der Besuch für Sie und für den Kranken enttäuschend sein. Wenn Sie aber zur rechten Zeit kommen, kann Ihr Besuch eine große Hilfe sein.

Eine Freundin aus meiner Studentenzeit, die ich seit Jahren nicht mehr gesehen hatte, rief mich an und sagte mir, daß sie beruflich in meiner Gegend – genaugenommen einige hundert Kilometer von West Newton entfernt – an einer Konferenz teilnehmen müsse. Ob sie mich besuchen solle? Ihr Angebot kam im richtigen Augenblick: Ich fühlte mich stärker und nahm ihr Angebot gerne an.

Ihr Besuch tat mir gut. Sie war nicht gekommen, irgend etwas zu „tun". Sie wollte nur unsere Freundschaft genießen und mir Mut machen. Sie hatte einfach Zeit für mich. Wir saßen lange wach und erinnerten uns an unsere Studentenzeit, lachten viel – und weinten auch ein bißchen. Am Tage durchstreiften wir die Antiquitätenläden und besuchten ein paar Fischerdörfer. Genau das brauchte ich, einmal wieder mit einer Freundin aus glücklicheren Zeiten in Ruhe zusammenzusein.

Als nächstes müssen Sie sich die Frage stellen, wo Sie wohnen werden. Aus sehr verschiedenen Gründen mag es nicht gut sein, wenn Sie im Haus des Kranken wohnen. In Krankheitszeiten braucht eine Familie oft mehr Privatleben als sonst; es kann auch sein, daß schon andere Besucher da sind. Deswegen kann es besser sein, wenn Sie woanders wohnen oder für Ihren Besuch einen anderen Termin wählen.

Die dritte Frage ist: Warum will ich fahren?

Vielleicht haben Sie eine spezielle Botschaft der Ermutigung oder den göttlichen Auftrag zum Gebet der Heilung, oder vielleicht möchten Sie einfach helfen und in der Nähe Ihres kranken Freundes sein. All das sind gute Gründe für einen Besuch. Wenn Sie aber aus Verpflichtung fahren wollen oder weil Sie Schuldgefühle haben, dann warten Sie mit dem Besuch lieber, bis Sie bessere Motive finden. Auf jeden Fall, wenn Sie wissen, was Sie wollen, können Sie einen Freund stärken, dessen Leben plötzlich durcheinandergeraten ist.

Ich erlebe immer wieder die kostbaren Augenblicke nach, wenn Menschen, die meinem Herzen nahe waren und weit weg wohnten, kamen, um mir in meiner Krankheit beizustehen. Die innere Stärke, die ich aus ihrer Liebe gewann, war viel mehr wert als das Geld, das sie ausgaben.

Wenn ein Besuch nicht möglich ist, können Sie vielleicht jede Woche etwas Geld ausgeben, um in Ruhe einen „Telefonbesuch" zu machen. Mancher Tag, lang, schmerzvoll und langweilig, erhielt neue Freude durch die Stimme eines lieben Menschen am anderen Ende der Telefonleitung. Ich bin erstaunt, wie gut ein einfacher Anruf tun kann, und deswegen gehe ich immer darauf ein, wenn der Heilige Geist mich drängt, den Hörer abzunehmen und jemanden anzurufen, dem es guttun könnte.

Von den Anrufen, die ich erhalten und gemacht habe, habe ich einiges über das Telefonieren mit Kranken gelernt.

Viele Anrufer fragten zuerst, ob es die richtige Zeit für ein Gespräch sei oder sie lieber zu anderer Zeit anrufen sollten. Solche Anrufer waren einfühlsam, denn sie konnten ja nicht wissen, ob ich mich gerade mit einem Besucher unterhielt, ob ich vielleicht von der Behandlung erschöpft war oder ob gerade der Arzt bei mir war. Wenn ich nicht ans Telefon gehen konnte, ließen sie mir durch den, der den Hörer abgenommen hatte, einen Gruß bestellen und ein liebes Wort sagen. Jeder gute Wunsch, den ich so erhielt, war ein Baustein in der stützenden Mauer, die meine Freunde für mich bauten.

Wenn der Kranke den Hörer selbst abnimmt, dann kommen Sie schnell zur Sache. Rufen Sie an, weil Sie wissen wollen, wie es jetzt geht? Bieten Sie Zeit oder Hilfe an? Oder wollen Sie vielleicht nur sagen: „Ich hab dich lieb und bete für dich!"

Schwätzen Sie nicht darauflos, reden Sie nicht um irgend etwas herum und erzählen Sie keine langen Geschichten. Solche Anrufe sind schon kaum zu ertragen, wenn man kerngesund ist; wieviel schlimmer sind sie für einen Kranken! Sie haben sicher schon selbst Anrufe bekommen, bei denen Sie nicht vom Telefon wegkamen, weil der Anrufer nicht einmal Luft zu holen schien. Deswegen kann es angebracht sein, wenn Sie vorher dem Kranken sagen, daß es Ihnen nichts ausmacht, wenn er Sie mitten im Satz unterbricht.

Wenn ich jemanden anrufe, dann ist es für mich das Wichtigste, ihn Wärme und Liebe spüren zu lassen. Negative Gefühle wie Furcht, Ärger oder Niedergeschlagenheit sollte man besser zu anderer Zeit und auf andere Weise ausdrücken. Ihr Anruf ist nützlicher, wenn er die aufgewühlten Gefühle beruhigen hilft und den Kranken nicht noch mehr durcheinanderbringt.

Das heißt nicht, daß Gefühle und Ängste verborgen werden müßten. Aber besser als durch einen Gefühlsausbruch am Telefon bringen Sie Ihre Gefühle durch einen Brief – oder durch viele Briefe – zum Ausdruck. Manche Briefe, die ich bekam, habe ich immer wieder gelesen. So konnte ich alles, was in ihnen stand, wirklich aufnehmen, und dadurch habe ich sie mehrfach „bekommen".

Monty und ich hätten nie gedacht, daß wir so viel Post bekommen würden. Jeder Brief berührte uns auf seine eigene Weise. Ich möchte Sie an einigen Briefen teilhaben lassen und Ihnen zeigen, wie Freunde uns durch ihre Briefe Mut machten.

> „Betsy, hab Dank für das Lächeln in Deinen Augenwinkeln und für die Liebe, die Du so vielen geschenkt hast. Hab Dank, daß Du Du bist.
> Monty, hab Dank für die vielen Stunden des Studiums und der Arbeit, die Dich im Dienste des Herrn weitergebracht haben.
>
> In Liebe Ed"

Ed feierte unsere Individualität, die Dinge, die uns für ihn einzig machten. Ich wußte, genau diese Worte würde er nie einem anderen schreiben können.

Sie können einen Kranken in einer so schwierigen Zeit stärken, wenn Sie ihn wissen lassen, was an ihm Besonderes ist, das ihn von Ihren anderen Freunden unterscheidet. Nehmen Sie sich Zeit zum Überlegen: Was hat Ihr Freund Besonderes für Sie? Was war es, was Ihre Freundschaft einmal begründet hat?

Annes Brief war von schlagender Offenheit. Er ist für mich ein gutes Beispiel, wie man negative Empfindungen konstruktiv ausdrücken kann:

> „Ich bin durcheinander und habe Angst. Bei den Problemen, denen Du Dich gegenübersiehst, wer bin ich da, daß ich Dir schreibe, ich hätte Angst? Ich habe immer eine neue Ausrede gefunden, Dich nicht zu besuchen. Von ganzem Herzen möchte ich Dir und Deiner Familie helfen. Ich möchte so gern für Euch da sein. Am meisten möchte ich aber die Worte sagen, die Dich gesund machen. Trotzdem ist es so: Ich habe Angst. So einen Brief wie diesen habe ich noch nie geschrieben. Ich hoffe, Du wirst mich verstehen und mir verzeihen.
>
> In Liebe Deine Anne“

Ich empfand es als ein Vorrecht, daß Anne mir ihre wahren Gefühle mitteilte. Ich habe ihren Brief mehrmals gelesen, und ich konnte mitempfinden, wie sie in ihren Gefühlen hin- und hergerissen wurde. Wäre sie in einem Telefongespräch herausgeplatzt: „Betsy, ich komm dich nicht besuchen“, dann wäre mir das viel schwerer gefallen. Aber ihr Brief zeigt mir, daß sie meine Freundin war, denn sonst wäre ihr Empfinden nicht so kompliziert gewesen.

Von den vielen Briefen, die Freude und Festigkeit

meines Glaubens erneuerten, kam einer von Patty. Als sie für mich betete, kamen ihr eine Reihe Bibelstellen in den Sinn, und wie ich ihren Brief las, wurden sie mir selbst auch lebendig. Sie schrieb mir:

> „Wir wissen, daß der, der den Herrn Jesus auferweckt hat, auch uns mit Jesus auferwecken und samt euch vor sich stellen wird (2 Kor 4,14).
> Ist das nicht herrlich! Da macht es auch nichts, daß ich nicht wie die anderen nach Boston kommen kann, um Dich zu besuchen – denn es wird nicht lange dauern, dann werden wir uns alle in seiner Gegenwart treffen.
> Darum werden wir nicht mutlos; sondern wenn auch unser äußerer Mensch zerfällt, so wird doch der innere von Tag zu Tag erneuert. Denn unser gegenwärtiges Leiden, das leicht wiegt, schafft uns eine ewige und über alle Maßen gewichtige Herrlichkeit, uns, die wir nicht auf das Sichtbare sehen, sondern auf das Unsichtbare. Denn was sichtbar ist, das ist vergänglich; was aber unsichtbar ist, das ist ewig (2 Kor 4, 16–18).
> Rückt das nicht Leiden, Leben und Tod in ein anderes Licht? Liebe Grüße Deine Patty“

Patty hatte mir nicht einfach ein paar Bibelverse aufgeschrieben und auch keine Predigt gehalten. Denn sie wollte mich wirklich furchtbar gerne besuchen, und deswegen wußte ich, daß die Paulusworte für sie wichtig waren, und so wurden sie für mich auch wichtig.

So wurde dieser Schriftabschnitt für mich in meiner Krankheit wichtig. Er erinnerte mich daran, daß ein Christ vor der Ewigkeit keine Angst haben muß. Wir gehen auf die Ewigkeit zu, in der Zeit und Entfernung uns weder vom Herrn noch von unseren Freunden trennen werden.

Ein anderer Brief erinnerte mich nicht an die Ewigkeit, sondern an all die guten Erlebnisse hier auf der Erde, für die ich dankbar war. Eine junge Frau, die wir aus der Jugendarbeit kannten, schrieb mir:

> „Ich denke so gern an unsere gemeinsame Zeit in Pasadena zurück. Der Jugendclub war der Mittelpunkt meines Lebens . . . Das ist schon lange her, aber was ich von Euch gelernt habe, ist geblieben . . . Und die Bibelarbeiten vergesse ich auch nicht.
>
> Vor ein paar Tagen fuhren wir mit dem Bus zum Strand, und das erinnerte mich an früher. Auf der Rückfahrt saßen wir hinten im Bus und kriegten alle das große Kichern. Weißt Du noch? Ich muß jedesmal lächeln, wenn ich daran denke.
>
> Gott segne Dich — Deine Pat“

Als ich diesen Brief las, wurde die Erinnerung an all die guten Beziehungen aus der Zeit in Pasadena wach. Ich wurde dankbar für das erfüllte Leben und daß ich anderen nützlich gewesen war.

Bei Pats Brief war der Ton wichtig. Wenn Sie an früher erinnern, sollte das nicht rührselig und sentimental sein. Schreiben Sie niemals einen Brief mit dem Unterton: „Laß uns die alten Zeiten wiederbeleben.“ Das ist nur eine leere Phrase. Pat erinnerte mich an die Vergangenheit, aber sie ermutigte mich zugleich durch das, was sie aus ihrem jetzigen Leben mit Christus erzählte.

Ein Mädchen, das durch gemeinsame Bekannte von meiner Krankheit gehört hatte, schrieb mir einen Brief, der von Hoffnung geradezu übersprudelte:

> „Ich weiß von Deinem Glauben, Deiner Liebe, Deinem Mut, Deiner Stärke. Betsy, ich habe Dich sehr lieb. Ich bin begeistert von der heilenden Kraft Gottes und seiner Macht in Deinem Leben. Er kennt Deinen Glauben, er weiß, daß er sich auch in der Krankheit auf Dich verlassen kann. Du mußt eine ganz besondere Dienerin Gottes sein.
> Voller Freude und Liebe grüßt Dich
> Deine Ann“

Anns Brief war weder naiv noch anmaßend. Sie sagte nicht, daß ich geheilt würde. Aber als ich ihren Brief las, sagte ich mir: „Warum nicht? Bei Gott ist alles möglich.“

Das waren nur ein paar Griffe in den Berg von Briefen, die Monty und ich bekamen. Wie gerne würde ich Ihnen all die Karten und Briefe zeigen, die ich bekommen habe, aber diese wenigen Auszüge sind Beispiele der Liebe des Mitgefühls und der Weisheit, durch die Sie einen Kranken erreichen können, wenn Sie schreiben.

Sie können sicher sein: Wenn Sie so schreiben, wird das dem oder der Kranken eine Freude bereiten, die wirklich die Mühe wert ist, die Sie daran wenden.

Mein Mann

Bisher habe ich von verschiedenen Menschen gesprochen, die mir in meiner Krankheit nahestanden. Aber am allernächsten stand mir Monty.

Niemand erlebt die inneren und äußeren Kämpfe, die ein Kranker durchmacht, so intensiv mit wie sein Ehepartner. Und genauso kann niemand so viel tun, um den tiefen Schmerz eines Kranken zu lindern, wie sein Ehepartner.

Als bei mir die Krankheit entdeckt wurde, hatten Monty und ich schon eine gute Beziehung zueinander aufgebaut, weil wir die Jahre benutzt hatten, um die Falten unserer Ehe auszubügeln. Aber selbst wenn eine Ehe wirklich gut ist, kann der tägliche Kampf ums Leben die Beziehung sehr belasten. Wir wissen, wie das ist, denn wir sind den Weg gemeinsam gegangen. Montys Unterstützung war für mich genauso lebenswichtig wie die vielen, vielen ärztlichen Bemühungen und die Pflege – nur, daß er in vielem empfindsamer, einfühlungsfähiger und geduldiger war.

Es kann sein, daß Sie einen kranken Ehepartner haben. Da denke ich, daß es Ihnen guttun würde zu erfahren, wie Monty meine Krankheit erlebte. Ich habe ihn deshalb gebeten, sein Erleben niederzuschreiben:

Betsys Krankheit war ein Schmelztiegel, in dessen gewaltiger Hitze jeder Aspekt unserer Ehe getestet wurde. Als wir gelobten, in „gesunden und kranken Tagen“ einander treu zu sein, dachten wir nicht daran, daß dieses Versprechen geprüft werden würde. Und so wie wir denken die meisten Menschen nicht daran, wenn sie heiraten.

Betsys Krankheit brachte sofort eine Änderung in unsere Beziehung: Alles wurde intensiver – unsere Bedürfnisse, unsere guten und schlechten Eigenschaften, Verstehensprobleme, Charakterstärken und -schwächen, alles war verstärkt und vergrößert.

Wenn sich in Ihrer Beziehung ein Problem zeigt, dann leisten Sie sich nicht den Luxus, es unter den Teppich eines häuslichen oder beruflichen Beschäftigtseins zu kehren in der Hoffnung, es später lösen zu können. Nein, schauen Sie dem Problem ins Gesicht. Es lohnt sich, das zu tun.

Wie nie zuvor habe ich in dieser Zeit gelernt, gegenüber meiner Frau *einfühlsam, offen* und bejahend zu sein.

Ihr Einfühlungsvermögen braucht Ihr Ehepartner besonders in bezug auf sein Selbstwertgefühl. Die Krankheit bringt oft körperliche Behinderungen, und oft ändert sich auch die äußere Erscheinung, besonders bei bestimmten Behandlungsmethoden.

Bevor Betsy mit ihrer Chemotherapie begann, wies man uns darauf hin, daß ihr Haar fast völlig ausfallen würde. Langsam wurden ihre dunklen Locken immer dünner, und Betsy verriet mir und einigen wenigen Freundinnen, wie schwer ihr das fiel. Eine dieser mitfühlenden Freundinnen klingelte eines Tages an unserer Haustür mit drei Kartons in der Hand. Als sie auf der Couch saß, führte sie Betsy drei schicke brandneue Perücken vor.

„Im Laden haben sie mir die drei Perücken mitgegeben, damit du sie aufprobieren kannst", erklärte sie. „Wenn dir eine gefällt, dann kann ich sie bezahlen, wenn ich die beiden anderen ins Geschäft zurückbringe."

Diese praktische Frau half Betsy, mit dem Problem ihres sich verändernden Aussehens fertig zu werden. Sie ermutigte Betsy, sich nicht zu verstecken, sondern sich auf die neue Situation einzustellen und sich unter die Leute zu mischen. Aber diese Anpassung fiel ihr viel schwerer, als ich ahnte.

Nach vielen Ehejahren wußte ich gut, wie wir miteinander umzugehen hatten. Ich wußte, wann es Zeit war, ernst zu sein, wann romantisch und wann lustig, und ich wußte auch, wann ich Betsy necken durfte.

Betsy war ein lustiger Mensch und konnte mehr Spaß vertragen als die meisten Menschen. Eines Morgens, in fröhlicher Stimmung, setzte ich Betsys neue Perücke auf und fing an, für Suzanne und Marybeth den Clown zu spielen. Da hatte ich mich aber gründlich verschätzt.

Die Mädchen machten mit und meinten, sie hätten nun eine Mutter, die Glatze trägt. Aber Betsy war tief verletzt; die Perücke erinnerte sie immer wieder an ihren Verlust. Ich hatte es wirklich nicht bös gemeint, aber ich war zu weit gegangen, der

Scherz war nicht lustig gewesen, sondern verletzend.

Respektieren Sie die Empfindsamkeit Ihres Ehepartners. Durch Zuhören und Einfühlen versuche ich zu entdecken, wo jeweils die Grenzen liegen. Ich bemühe mich zu erkennen, was wir offen besprechen müssen und welche besonderen Bedürfnisse und welche speziellen Wünsche sie hat.

Einfühlsamkeit geht Hand in Hand mit *Offenheit.* Wir haben eine regelmäßige Zeit festgelegt, die dem offenen gegenseitigen Mitteilen dient. Das ist für uns äußerst wichtig.

Diese Zeit ist für uns der frühe Morgen. Dann tun wir uns ein paar Kissen in den Rücken – auf dem Nachttisch steht eine Kanne duftenden Kaffees – und reden miteinander. Wenn es irgendwie möglich ist, haben Sie eine feste Zeit am Tag, wo Sie auf Ihren Ehepartner hören und mit ihm reden. Was man so nebenbei sagt, geht leicht verloren und wird dazu noch mißverstanden. Was wir an Zeit aufwenden, lohnt sich. Unsere Einheit wächst; auch dann, wenn ernsthafte Probleme behandelt werden.

Als wir eines Morgens so entspannt im Bett saßen, stellte Betsy mir eine Frage, die sie sehr beschäftigte. Sie wollte wissen, wie ich sie empfand – jetzt, wo sie eine gewaltige Narbe quer über den Bauch hatte und wo ihr Haar grau wurde und ausfiel.

Ich trank einen Schluck Kaffee und nützte den Augenblick aus, um eine richtige Antwort zu finden. Schließlich kannte ich Betsy gut genug, und ich wußte, daß sie Offenheit wünschte und nicht Schmeichelei, und daß sie Geborgenheit suchte.

Ich schaute ihr in die Augen und sagte: „Ich hätte dich lieber mit Haar und ohne Narbe, aber ich liebe dich so genauso.“

Aber, typisch für Betsy, sie war noch nicht zufrieden. „Seitdem ich krank bin, weißt du, muß es hart für dich gewesen sein – sexuell, meine ich. Körperlich hast du doch bestimmt nicht gekriegt, was du brauchtest?“

Ihre offene Frage war eine ehrliche Antwort wert. „Nein, meine körperlichen Bedürfnisse sind nicht befriedigt worden. Aber, Betsy“, fuhr ich genauso ehrlich fort, „du weißt, daß unsere Ehe mehr ist als unsere körperliche Beziehung.“

Dann zählte ich all das andere auf, was ich so gern mit ihr tat. Wir beide genossen es, die faszinierenden alten Dörfer in der Umgebung zu entdecken. Und wie gern saßen wir zusammen am Kamin, sprachen miteinander und hörten im Hintergrund leise Musik. Oft lasen wir uns gegenseitig etwas vor. Und schließlich schliefen wir ja auch im selben Bett und hatten es auch in der schlimmsten Zeit der Krankheit nicht anders gehalten. Und ich versicherte ihr, daß es dabei bleibe, egal was komme.

Betsy fühlte sich wieder geborgen, und ich hatte zwei Dinge gelernt: Ehrlichkeit ist nötig, denn Ihr Ehepartner nimmt es Ihnen übel, wenn Sie die Wahrheit verbergen oder bemänteln. Aber neben der Ehrlichkeit braucht Ihr Ehepartner genauso nötig Geborgenheit.

Ich habe auch erlebt, daß es durchaus recht ist, mit dem Ehepartner ehrlich *nicht* der gleichen Meinung zu sein. Und manchmal entsteht die Uneinigkeit genau da, wo es um den Kampf ums Leben geht.

Manchmal, wenn die Chemotherapie Betsy so richtig fertiggemacht hatte, wollte sie am liebsten aufgeben und den Krebs gewinnen lassen. Dann habe ich nicht mitgemacht und versucht, ihr neue Kraft zu geben. Aber oft waren die Rollen auch genau umgekehrt verteilt. Betsys Wille zu kämpfen war genau dann am stärksten, wenn ich nach den Monaten, in denen ich den mir liebsten Menschen leiden sah, am liebsten aufgeben wollte.

Wenn es um solche Probleme geht, vergessen Sie eins nicht: Es geht um das Leben und den Körper Ihres Ehepartners und nicht um Ihr Leben und um Ihren Körper. Auch wenn wir genau gegenteiliger Ansicht waren, habe ich Betsy immer versichert, daß ich mich hundertprozentig hinter ihre Entscheidung stellen würde, gleich wie sie sich entscheiden würde.

Viele neigen dazu, einer anderen Frage auszuweichen, die mit Offenheit viel besser zu bewältigen ist. Wer ernsthaft krank ist, möchte vom Sterben sprechen, nicht abstrakt, sondern vom *eigenen Tod.* Das ist nicht Hysterie oder Melancholie, es ist eine dringende psychische und geistliche Notwendigkeit. Wenn Sie dem, den sie lieben, auf die Schulter klopfen und sagen: „Nein, nein, sprich nicht vom Tod, du wirst bestimmt nicht sterben“, dann tun Sie ihm den denkbar schlechtesten Dienst.

Als es Betsy wieder einmal schlechter ging, bemerkte ich einen ungewöhnlichen, abwesenden Blick in ihren Augen. Ich fühlte, daß sie innerlich ruhig war und mit mir reden wollte. Aus früheren Bemerkungen wußte ich, daß sie viel über den Tod nachgedacht hatte und auch über ihre Beerdigung – und ich vermutete, daß sie jetzt wieder daran dachte.

„Betsy", sagte ich leise und setzte mich auf das Fußende ihres Bettes, „denkst du darüber nach, was für eine Beerdigung du gerne hättest? Ich möchte gerne wissen, was du dir wünschst."

Ja, sie hatte sehr genaue Vorstellungen – keine Trauerfeier, sondern eine „Feier der Auferstehung" nach der Grablegung. Und sie hatte auch schon ihre Lieblingslieder und einige tröstende Bibelworte ausgesucht. Es tat uns beiden gut, daß wir so offen über die Möglichkeit des Todes sprechen konnten.

Auch über andere schwierige Themen sprachen wir immer, wenn es einem von uns danach zumute war. Betsy liegt verständlicherweise die Erziehung unserer Mädchen sehr am Herzen. Natürlich fällt es Eltern schwer, ihre Kinder so früh loszulassen. Stellen Sie sich vor, wie hart es für Sie wäre, wenn Sie wüßten, daß Sie keine Chance hätten, ihren Kindern beim Heranwachsen zu helfen. Wie jede liebende Mutter hat Betsy Träume und Hoffnungen für ihre Töchter. Wenn sie mit mir darüber sprechen kann, vermindert es ihre Schmerzen, wenn sie daran denkt, daß sie die Erfüllung ihrer Wünsche nicht erleben wird.

Wenn Betsy mit mir über die Mädchen spricht, kommt sie manchmal auch auf die Frage meiner Wiederverheiratung, falls sie sterben sollte. Als sie mir das erstemal sagte, daß sie es gerne sähe, wenn ich wieder heiraten würde, antwortete ich sofort und automatisch, daß das das letzte wäre, woran ich dächte. Aber in diesen Worten sah sie durchaus keine Bestätigung meiner Liebe, sie war eher etwas abgestoßen.

„Monty", gab sie mir zurück, „das größte Kompliment für unsere Ehe wäre dein Wunsch, wieder glücklich verheiratet zu sein. Und ich will, daß die Mädchen wieder die Liebe einer Mutter genießen können."

Nehmen Sie die Wünsche Ihres Ehepartners so ernst, daß Sie zuhören und ihr oder ihm nicht aus Angst vor Unangenehmem das Wort abschneiden.

Sie können Ihren Ehepartner auch *bejahen,* wenn Sie entschlossen sind, Ihre Beziehung zu vertiefen und ihm zu helfen, persönliche Ziele zu erreichen.

Soweit wie möglich lassen wir Betsys Krankheit nicht in den Mittelpunkt unseres Lebens kommen. Wir können ihre Krankheit nicht verneinen und ihr auch nicht ausweichen, und das wollen wir auch nicht. Aber wenn wir nicht aufpassen, kann es passieren, daß wir kostbare Stunden der Liebe, des Glücks und des Erfolgs verlieren, wenn die Krankheit all unsere Gedanken beherrscht. Für uns ist das Leben ein viel zu schönes Geschenk, als daß wir auch nur einen Tag durch Selbstmitleid verlieren möchten.

Einige Paare werfen zu schnell das Handtuch, wenn es darum geht, ihre Beziehung aufzubauen. Nie ist die Entschlossenheit, an der Ehe zu arbeiten, wichtiger als dann, wenn einer schwer krank ist.

Unsere Morgengespräche beim Kaffee im Bett

habe ich ja schon erwähnt. Wir besuchten auch ein Eheseminar, ein Wochenende, das das Ziel hatte, „gute Ehen besser zu machen". Dort ermutigte man uns, über unsere Stärken und Schwächen zu sprechen und das Engagement für unsere Ehe zu erneuern. Und wir gewannen dort eine neue Entschlossenheit, miteinander zu reifen. Für Paare, die Schwierigkeiten haben, über ihre tieferen Gefühle zu sprechen, sind solche Eheseminare eine große Hilfe.

Wir alle haben Ziele und Träume. Betsy war immer mein bester Kritiker und die beste Hilfe in meinem Dienst gewesen. Jetzt ermutigte ich sie, auch ihre eigenen Ziele zu verwirklichen, z. B. zu schreiben. Die Anschaffung einer tragbaren elektrischen Schreibmaschine ermöglichte es Betsy, ihren Wunsch zu erfüllen, ein Buch zu schreiben, um anderen zu helfen.

Durch all diese Dinge können wir den Wert des Lebens bejahen, den Wert persönlicher Beziehungen und den Wert der Träume, die Gott in unsere Herzen gelegt hat.

Wenn auch dieses Kapitel hauptsächlich von der Beziehung zwischen Mann und Frau handelt, möchte ich doch ein paar Sätze über Hilfe von außerhalb der Ehe sagen. Einige Paare meinen genau dann, wenn sie Liebe und Hilfe am dringendsten brauchen, daß sie andere nicht mit ihren Problemen belasten sollten.

Während der ersten beiden Jahre von Betsys Krankheit trafen wir uns jede Woche einmal mit acht Leuten. In ihrer Gegenwart durften wir über unsere Gefühle offen sprechen – gleich, ob es glückliche Erlebnisse waren oder Niederlagen –, und dann beteten unsere Freunde mit uns alle Probleme, die wir hatten, durch. Diese Freunde halfen uns oft dann, wenn unsere Fähigkeit, mit der Krankheit fertig zu werden, nachließ oder wenn unser Gottvertrauen schwächer werden wollte.

Wenn es Ihnen oder Ihrem Ehepartner schwerfällt, sich einer Gruppe zu öffnen, dann suchen Sie sich ein Ehepaar oder einen einzelnen, mit dem Sie rückhaltlos offen sprechen können.

Bleiben Sie in Kontakt mit Ihren Gefühlen. Erlauben Sie sich, verletzt, ärgerlich oder niedergeschlagen zu sein. Ich kenne den Wunsch, „stark" zu sein um des Ehepartners willen. Aber ich kenne auch den Wert eines Freundes, mit dem ich sprechen kann, bevor ich meine Gedanken und Gefühle Betsy mitteile.

Ich habe während Betsys Krankheit schlimme Agonien durchgemacht, aber sie haben in mir eine tiefere Liebe zu meiner Frau und eine große Bewunderung für ihren Mut wachsen lassen. Betsys Festigkeit hat nicht nur vielen, die sie kannten, geholfen, geistlich zu wachsen, sie ist auch in den Seiten dieses Buches zu spüren.

Wenn der Weg lang wird

Dr. Mozdens Sprechstundenhilfe begrüßte mich wie eine alte Freundin und bat mich, im Wartezimmer Platz zu nehmen. Das einzige Geräusch im Raum kam von der Klimaanlage. Nach der Fahrt durch die schwüle Junihitze war es angenehm, hier zu sein.

Wie oft war ich nun schon in Dr. Mozdens Sprechstunde gewesen. Auf die erste Behandlung folgte die neue Operation, die nachwies, daß immer noch mikroskopisch kleine Krebszellen übriggeblieben waren. Darauf folgten wieder zwölf Monate Chemotherapie.

Während der Therapie fühlte ich mich ziemlich gesund. Im Herbst hatte ich zu schreiben begonnen, von Monty ermutigt. Und auch der lange Winter machte mir keine besondere Mühe. Ich fuhr Schlittschuh, machte Skilanglauf und spielte sogar mit Nachbarn auf dem Charles River Eishockey. Im Frühjahr bekam ich leichtere Medikamente und glaubte, daß es mir bessergehe.

Jetzt wollte ich mit der Chemotherapie ganz aufhören, weil ich mir Sorgen um die Nebenwirkungen auf Herz, Nieren und Leber machte. Ich sagte mir, daß es keinen Sinn hätte, den Krebs zu besiegen und dann an der Chemotherapie zu sterben.

Die Sprechstundenhilfe rief mich in Dr. Mozdens Sprechzimmer. Ich stand auf, ging ins Sprechzimmer, und so halb und halb ahnte ich schon, was Dr. Mozden mir sagen würde.

„Frau Burnham, ich empfehle weitere zwölf Monate Chemotherapie“, sagte Dr. Mozden, freundlich, aber streng ärztlich wie immer.

„Herr Doktor“, erwiderte ich, geduldig, aber fest, „ich habe zwei Jahre Chemotherapie hinter mir, und ich weiß nicht, ob ich noch mehr ertragen könnte. Meinen Sie nicht, daß diese mikroskopisch kleinen Krankheitsherde nun endlich vernichtet sind?“

Verständnisvoll und geduldig erinnerte mich Dr. Mozden daran, wie heimtückisch Eierstockkrebs sei und wie leicht er wiederkommen könne.

Trotzdem wollte ich nicht mehr. Hinter mir lagen Monate des Gebets und guter Gesundheit – und ich hatte den Eindruck gewonnen, daß ich geheilt sei. Ich wollte dieses Kapitel meines Lebens abschließen und ein neues aufschlagen.

„Sie haben mir gesagt, daß ich zur Nachprüfung vielleicht noch einmal operiert werden müßte. Ich mag Operationen nicht, aber ich denke, jetzt wäre der richtige Zeitpunkt dafür. Ich möchte lieber wissen, was los ist und dann damit fertig werden.“

Dr. Mozden wollte nicht so recht, erklärte sich aber einverstanden und legte den Operationstermin fest.

Im Operationssaal unterhielt ich mich ganz gelöst mit den Schwestern. Dr. Mozden lächelte, drückte meine Hand, und da begann sich der Raum auch schon vor meinen Augen zu drehen.

„Ich denke, wir werden nichts finden . . .“

Als ich aufwachte, war Monty bei mir. Er streichelte sanft meine Stirn. Ich hatte erwartet, daß ich beim Aufwachen die Schwestern der Intensivstation triumphierend lächeln sehen würde. Und jetzt sagte mir Montys schmerzvoller Blick alles.

„Sie haben zwei geldstückgroße Geschwülste gefunden, beide bösartig."

Mein Kopf fiel in die Kissen zurück. Tränen liefen mir aus den Augen.

„Betsy", fuhr er fort, sanft und direkt, „Dr. Mozden sagt, weitere Chemotherapie *könnte* helfen, aber er könne nichts garantieren. Ob du kämpfen willst, mußt du selbst entscheiden. Das ist in diesem Kampf wichtig."

Kämpfen! Was denken denn die Leute, was ich die ganze Zeit getan habe? Ich schüttelte nur den Kopf, konnte nichts sagen, weil mir ein Kloß in der Kehle saß.

Nach all dem Beten, nach all den inneren Kämpfen waren wir genauso weit wie vor vielen, vielen Monaten – nämlich ganz am Anfang. Die Fragen fielen über mich her wie ein Sturzbach. Worauf wollte Gott hinaus? Was hatte er mit mir vor? Ich wußte, daß er mich heilen könnte; warum tat er es dann nicht?

Wie gerne würde ich auf diese Frage eine überzeugende, direkt von Gott kommende Antwort geben, die allen hilft, die für einen Kranken beten. Ich habe die Antwort angenommen, die Paulus bekam, der auch leiden mußte und dreimal darum flehte, daß ihm der „Pfahl" im Fleisch genommen werde: „Laß dir an meiner Gnade genügen."

Ich bemühte mich, mit meiner Niedergeschlagenheit fertig zu werden, und mehr denn je brauchte ich Freunde, die mit mir den Weg durch Schmerz und Verzweiflung gingen. Ich wußte, daß sie auch müde waren, müde des Betens, Hoffens und Ermutigens; und auch müde des Lächelns, wenn sie mich besuchten. Aber ich wußte, sie würden sich wieder mit all ihren Kräften für mich einsetzen und mir helfen, diese neue Krise durchzustehen.

So hatte ich gedacht, aber fast wäre es anders gekommen.

Nicht daß ich weniger Post bekommen hätte oder daß nicht genügend Leute dagewesen wären zum Putzen oder Essenbringen. Nein, da hatte sich nichts geändert, und ich war froh darüber. Aber was sich dramatisch geändert hatte, war die Einstellung. Einige besuchten mich und waren schon wieder weg, bevor sie kaum mehr als ein paar Worte mit mir gesprochen hatten. Ganz wenige fragten nach der Operation, und noch weniger wollten wissen, wie ich mich fühlte. Ich wollte niemand Vorwürfe machen, aber ich fühlte mich im Sumpf meiner Gefühle völlig verlassen.

Aber ich war nicht völlig allein.

Ein paar Wochen nach der dritten Operation war ich wieder im Krankenhaus. Man wollte herausfinden, ob mein Körper noch mehr Chemotherapie verkraften könnte. Verärgert, müde und durcheinander war ich bereit, die Untersuchungen fahren zu lassen und Monty anzurufen, er solle mich aus dem Krankenhaus nach Hause holen. Ich wollte einfach aufgeben.

Ich starrte die nackte weiße Zimmerdecke an, als

meine Freundin Gretchen hereinkam. Ich habe sie nicht gerade freundlich empfangen, kein Lächeln, kein Blick. Und als sie mir dann sagte, wie traurig sie über das Operationsergebnis sei, überschüttete ich sie mit einer Flut von Tränen und Verletztsein. Und es war ja nicht das erstemal, daß sie das hörte.

Sie hörte zu, bis ich alles gesagt hatte. Sie versuchte, mich zu trösten, aber ich war so niedergeschlagen, daß ich kaum hörte, was sie sagte. Schließlich wollte *ich* ja nicht einmal mehr bei mir sein, warum sollte *sie* dann noch bei mir sein wollen?

Dann stand sie auf, um zu gehen. Sie nahm meine Hände in die ihren, und mit ihrem gewinnenden liebevollen Blick versicherte sie mir: „Betsy, ich werde immer da sein, wenn du mich brauchst. Sag mir einfach, was ich tun kann."

Ich schaute ihr nach, wie sie den Raum verließ, und plötzlich hörte ich in ihren Worten noch eine ganz andere Botschaft. An mein Ohr drang eine leise Stimme, sie sprach direkt zu meinem Herzen. Sie sagte mir: *„Betsy, kämpf! Gib nicht auf. Du hast Freunde, die mit dir kämpfen – weil du es wert bist, daß man für dich kämpft!"*

Sofort nahm mein Körper den Kampf wieder auf, ich packte die Stange an der Seite des Bettes und setzte mich in den Kissen auf. Neuer Mut durchflutete mein Inneres und brachte mir neues Leben, und sofort fühlte ich mich sogar körperlich stärker.

„Ich *will* die neue Chemotherapie durchmachen. Ich werde kämpfen!" Ich fühlte mich völlig erneuert, die Liebe unserer Freunde, die bereit waren, die schlimmsten Zeiten mit mir durchzustehen, trug mich.

Es ist selten, daß uns ein Freund so nahe kommt, wenn der Weg lang und mühsam wird. Vielleicht leidet der Kranke schon lange, und ein Ende der Krankheit ist nirgendwo in Sicht. Oder vielleicht ist das Ende nur eine Frage von wenigen Wochen oder Monaten. Wenn Sie bereit sind, den langen Weg mitzugehen, dann kann ein anderes Pauluswort Ihnen eine Ermutigung sein:

„Die Liebe ist langmütig und freundlich. Sie erträgt alles, sie glaubt alles, sie hofft alles. Die Liebe hört niemals auf ... Nun aber bleiben Glaube, Hoffnung, Liebe, diese drei; aber die Liebe ist die größte unter ihnen" (1 Kor 13,4.7. 8.13).

Paulus spricht von einer festen, dauerhaften Liebe – nicht von einem Gefühl, das von Schwierigkeiten, schlechten Nachrichten oder Unannehmlichkeiten weggeblasen wird. Natürlich war so eine starke Liebe auch zur Zeit des Apostels Paulus selten, genauso wie heute. Manchmal sind wir in unserer schnellebigen Zeit zu beschäftigt, um durchzuhalten, und wir überlassen die Pflege eines Kranken den Schwestern und Ärzten und dem Pflegepersonal, die ja schließlich dafür bezahlt werden. Aber ihre Verantwortung ist nur medizinisch – die unsere ist geistlich.

Vielleicht haben Sie beim Lesen dieses Buches entdeckt, was Sie einem Kranken an Liebe schenken können. Die Worte des Paulus zeigen mir, daß ich damit nicht eine punktuelle Pflicht erfülle oder meine großen Geschenke unter dem Weihnachtsbaum ausbreite. Ein wirkliches Geschenk der Liebe ist es, wenn Sie bei einem Kranken *bleiben*.

Können Sie ermutigende Briefe schreiben? Dann schreiben Sie regelmäßig. Sind Sie bereit, für einen Kranken zu beten? Dann hören Sie nie damit auf. Sagen Sie dem Kranken, wie Sie beten, und teilen Sie ihm Ermutigendes mit, das Sie selbst erfahren. Wie oft habe ich es erlebt, daß ich zu Hause für einen Menschen betete und später herausfand, daß Gott ihm genau in dem Augenblick das gegeben hatte, worum ich für ihn bat. Wenn Sie praktisch helfen können, wenn Sie gerne kochen, putzen, auf Kinder aufpassen oder Besorgungen machen, dann denken Sie daran, daß nichts, was Sie aus Liebe tun, sinnlos ist oder von Gott jemals vergessen wird.

Wenn ich einem Menschen helfen kann und wenn sein Weg lang, hart und mühevoll wird, dann denke ich an das, was Paulus in einem anderen Brief im Neuen Testament schrieb:

„Laßt uns nicht müde werden, das Gute zu tun; denn zur rechten Zeit werden wir auch ernten, wenn wir nicht ablassen“ (Gal 6,9).

Nachwort

Auf Betsys dritte Operation folgten noch einmal drei kräftezehrende Runden Chemotherapie. Dann entschied sie tapfer, damit aufzuhören. Dr. Mozden empfahl ihr weiterzumachen, fügte sich aber ihrem Wunsch. Beide wußten, daß es keinen sicheren Maßstab dafür gab, welches die richtige Entscheidung wäre.

Betsy kehrte voller Energie ins normale Leben zurück und begann, dieses Buch zu schreiben. Ihre einzige Klage waren zunehmende Empfindlichkeit und Schmerzen im Rücken. Eines Tages, wir waren beim Skilanglauf, fiel sie hin. Der Schmerz stach sie durch den Rücken und trieb ihr die Tränen in die Augen. Wie enttäuscht war sie, den Skiausflug an diesem herrlichen Wintertag vorzeitig abbrechen zu müssen.

Zwei Monate später wurde sie in der Universitätsklinik wieder ausführlich untersucht, und man stellte fest, daß der Krebs sich auf andere Körperteile ausgebreitet hatte. In der Leber, in den Beckenknochen und in der unteren Wirbelsäule wurden Krebszellen entdeckt. Wieder wurde sie mit schwerer Chemotherapie behandelt. Aber im November 1981 waren die Nebenwirkungen so stark und der Krebs so weit fortgeschritten, daß alle Behandlungen eingestellt werden mußten.

Am 2. Januar 1982 kam Betsy das letztemal aus dem Krankenhaus nach Hause; inzwischen war auch schon ihre Lunge angegriffen. Betsys Ziel war es, die letzten Tage ihres Lebens so angenehm wie möglich zu Hause zu verbringen. Wir nahmen deswegen die früher nicht gegebene Möglichkeit in Anspruch, in unser Schlafzimmer ein richtiges Krankenbett und die für ihre Lunge nötigen Sauerstoffgeräte aufzustellen. Betsy brauchte rund um die Uhr Pflege und mußte immer häufiger Schmerzmittel nehmen.

Manchmal machte sie den Eindruck, als wolle sie noch ein paar unfertige Dinge erledigen. An einem kühlen Abend, als ich an ihrem Bett saß, überraschte Betsy mich mit ein paar ganz einfachen Wünschen: „Kannst du im Kamin ein Feuer anmachen?“ fragte sie und drückte schwach meine Hand. „Ich möchte gerne mit dir Tee trinken – bei Kerzenlicht.“

Ich ging nach unten, machte schnell den Kamin fertig, setzte den Tee auf und zündete zwei schöne Kerzen an. Ich eilte in Betsys Zimmer und trug sie vorsichtig, wie eine Braut, hinunter ins Wohnzimmer. Dort saßen wir vor dem Kamin, tranken unseren Tee, sprachen miteinander und schauten ins knisternde Feuer. Im Kerzenschein genossen wir fast eine Stunde lang unser Beisammensein und das zwanglose Gespräch.

Dann war Betsy so erschöpft, daß ich sie wieder nach oben in ihr Bett tragen mußte. Sie hat das Bett nie wieder verlassen.

Einige Tage später war es klar, daß unsere Stunden – unsere Minuten – miteinander bald an ihr Ende kommen mußten. Auf der Grenze zwischen Bewußtsein und Koma – zwischen dieser und der anderen

Welt – rang Betsy nach Atemluft. In einem ihrer lichten Momente, mit dem Zischen des Sauerstoffgerätes in den Ohren, lehnte ich mich zu ihr hinüber.

„Liebling", flüsterte ich, „es wird nicht lange dauern, dann sind wir wieder alle zusammen – du, ich, Suzanne und Marybeth."

Ein schwaches Nicken war ihre Antwort, dann bekamen ihre Augen wieder den abwesenden Blick.

„Du wirst uns dann bestimmt am Tor erwarten, wenn wir kommen." Mehr blieb nicht zu sagen; Betsys Augen waren geschlossen.

Am Abend des 15. Januar 1982 erlebte Betsy Gottes endgültige Heilung. Sie ist jetzt bei ihm – und wir warten auf ein freudiges Wiedersehen.

Monty Burnham